송쌤의 엔트리
인공지능 학교

송쌤의 **엔트리 인공지능 학교**

1판 1쇄 발행 2022년 6월 10일
1판 2쇄 발행 2024년 9월 30일

지은이 송상수
펴낸이 장성두
펴낸곳 주식회사 제이펍

출판신고 2009년 11월 10일 제406-2009-000087호
주소 경기도 파주시 회동길 159 3층 / **전화** 070-8201-9010 / **팩스** 02-6280-0405
홈페이지 www.jpub.kr / **원고투고** submit@jpub.kr / **독자문의** help@jpub.kr / **교재문의** textbook@jpub.kr

소통기획부 김정준, 이상복, 안수정, 박재인, 송영화, 김은미, 배인혜, 권유라, 나준섭
소통지원부 민지환, 이승환, 김정미, 서세원 / **디자인부** 이민숙, 최병찬

진행 및 교정·교열 장성두 / **내지 디자인** 블랙페퍼디자인 / **표지 디자인** 미디어픽스
용지 타라유통 / **인쇄** 한길프린테크 / **제본** 일진제책사

ISBN 979-11-91600-92-6 (63000)
책값은 뒤표지에 있습니다.

제이펍은 여러분의 아이디어와 원고를 기다리고 있습니다. 책으로 펴내고자 하는 아이디어나 원고가 있는 분께서는
책의 간단한 개요와 차례, 구성과 저(역)자 약력 등을 메일(submit@jpub.kr)로 보내 주세요.

Entry AI School

송쌤의 엔트리 인공지능 학교

송상수 지음

Jpub
제이펍

차례

CHAPTER **4**

인공지능 학습하기 079

CHAPTER

인공지능 세계로의 초대!

인공지능은 낯선 존재가 아니라 우리에게 익숙한 존재가 되었습니다. 인공지능 스피커, 챗봇, 얼굴 인식과 같이 우리는 생활 속에서 다양한 인공지능을 만나고 활용하고 있습니다. 앞으로 인공지능은 더욱더 우리 삶 속에 들어오게 될 것입니다.

우리가 활용하는 인공지능은 어떤 원리로 동작하는 것일까요? 생각만 해도 어렵게 느껴지지 않나요? 책을 살펴보면 복잡한 수식과 어려운 용어 때문에 인공지능이 더욱 어렵게만 느껴질 때가 있습니다. 사실, 인공지능의 핵심 원리는 초등학생도 충분히 이해할 수 있을 만큼 어렵지 않습니다.

이 책은 여러분이 인공지능을 더 이상 복잡하거나 어렵게 생각하지 않도록 안내해 주는 좋은 길잡이가 될 것입니다. 저와 함께 핵심 원리를 살펴보고 그 원리가 적용된 다양한 예제를 따라 만들다 보면 인공지능이 참으로 쉽고 재미있음을 알게 될 것입니다. 실습을 다 하고 나면 생활 속에 있는 인공지능이 어떤 데이터로 학습했고, 어떤 기술이 활용되었는지도 금방 알아차리게 될 것입니다. 내가 겪고 있는 다양한 문제를 어떻게 인공지능 기술을 활용하여 해결할 수 있는지도 알게 될 것입니다.

이 책을 통해 인공지능의 원리를 익히고, 여러분만의 인공지능을 만들어 보세요! 이제 저와 함께 신나는 인공지능의 세계로 떠나 봅시다.

송상수 드림

CHAPTER 1.
쉽게 이해하는 인공지능

이 장에서는 인공지능이 무엇인지, 인공지능과 소프트웨어의 차이점이 무엇인지 알아봅니다. 이어서 인공지능으로 문제를 해결하는 과정과 다양한 인공지능 기술을 알아봅니다.

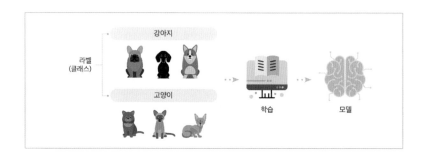

CHAPTER 2.
엔트리 소개

실습 도구인 엔트리에 관해 소개합니다. 엔트리에 가입하는 방법은 물론, 인공지능을 만들기 위한 엔트리 화면을 조목조목 설명합니다.

CHAPTER 3.

인공지능 활용하기

전문가들이 학습시켜 놓은 읽어 주기, 번역, 음성 인식, 얼굴/사물 인식 인공지능을 활용하여 문제를 해결하는 다양한 인공지능을 만들어 봅니다.

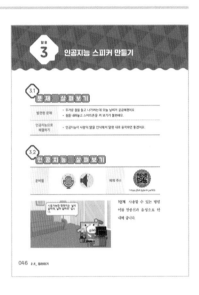

CHAPTER 4.

인공지능 학습하기

직접 사진, 글, 숫자, 소리 데이터를 수집하고 활용하여 인공지능에게 학습을 시키고 문제를 해결하는 인공지능을 만들어 봅니다. 앞에서 배운 인공지능 기술을 스스로 적용해 보는 단계입니다.

이 책의 구성 요소

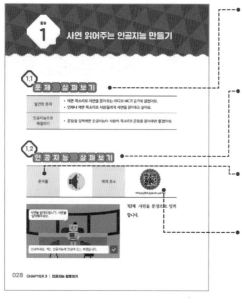

문제 살펴보기

실생활에서 어떤 문제를 발견했는지, 그리고 인공지능을 활용해 문제를 해결하는 방법을 안내합니다.

인공지능 살펴보기

인공지능으로 어떻게 해결할 것인지를 단계별로 간략하게 살펴봅니다.

준비물

해당 작품에 필요한 준비물을 아이콘으로 안내합니다.

예제 주소

해당 작품을 미리 볼 수 있는 QR 코드와 URL을 보여줍니다.

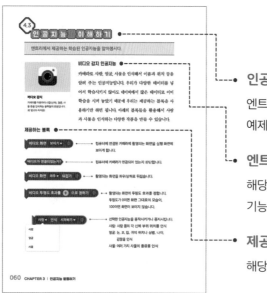

인공지능 이해하기

엔트리에서 제공하는 인공지능 기능과 관련 블록, 예제 코드와 실행 결과를 보여줍니다.

엔트리의 인공지능 기능

해당 작품에 사용할 엔트리에서 제공하는 인공지능 기능을 안내합니다.

제공하는 블록

해당 작품에서 사용할 엔트리 블록들에 대한 설명입니다.

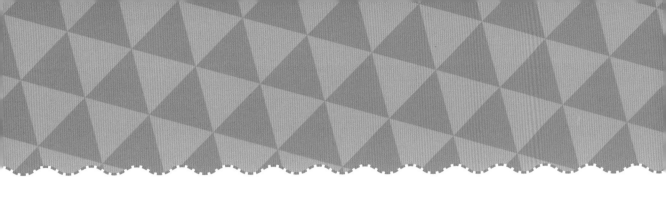

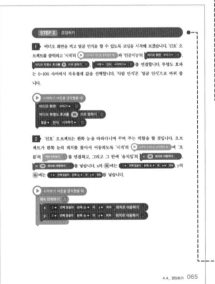

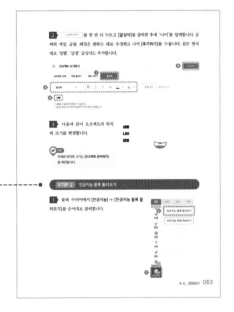

코딩하기
코딩을 위한 오브젝트 준비물, 인공지능 블록을
불러오는 방법, 코딩하는 과정을 설명합니다.

STEP 1 오브젝트 준비하기
해당 작품 코딩을 위해 준비해야 할 오브젝트를
안내합니다.

STEP 2 인공지능 블록 불러오기
작품에 관련된 인공지능 블록을 불러오는 방법을
안내합니다.

STEP 3 코딩하기
코딩하는 방법을 블록과 설명을 통해 보여줍니다.

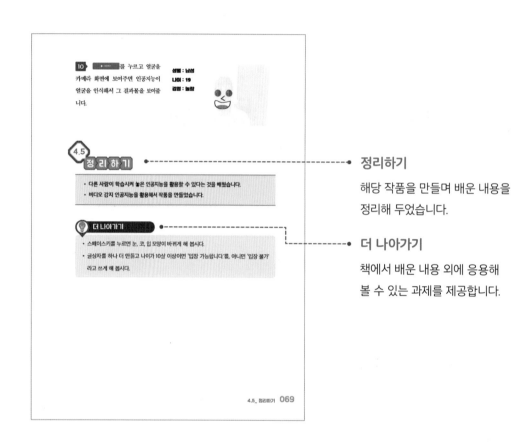

정리하기

해당 작품을 만들며 배운 내용을
정리해 두었습니다.

더 나아가기

책에서 배운 내용 외에 응용해
볼 수 있는 과제를 제공합니다.

CHAPTER

1

쉽게 이해하는 인공지능

1.1 인공지능이 무엇인가요?

인공지능은 사람의 지능을 흉내 낸 컴퓨터 프로그램입니다. 사람의 지능을 이해하면 인공지능도 쉽게 이해할 수 있습니다.

사람의 지능은 주어진 정보(데이터)를 통해 인식하고, 판단하고, 행동(결과)하는 것을 말합니다. '주먹만 한 크기의 빨간색 동그란 열매'라는 정보로 그 열매가 '사과'임을 알아차리는 것, '횡단보도의 초록색 불이 켜졌다'는 정보로 '안전하게 건널 수 있다'고 판단하는 것, '일기예보의 비가 온다'라는 정보로 '우산을 챙기는' 행동이 사람의 지능이라고 할 수 있습니다.

또 사람의 지능은 '학습'을 합니다. 우리는 태어난 순간부터 지금까지 알게 모르게 계속 학습을 하고 있습니다. 동물을 보고 어떤 동물인지 아는 것, 날카로운 것에 찔리면 아프니 조심하는 것과 같은 지능은 누군가가 가르쳐 주었거나 직접 겪으며 학습해서 알게 된 것입니다. 이런 학습을 자세히 보면 경험과 같은 '정보'를 통해서 한다는 것을 발견하게 됩니다.

사람의 지능이 정보(데이터)를 통해 학습하고, 정보(데이터)로 인식, 판단, 행동하는 것처럼 사람의 지능을 흉내 낸 인공지능도 데이터를 통해 학습하고 데이터로 인식, 판단, 행동합니다.

1.2 인공지능과 소프트웨어(프로그램)는 어떻게 다른가요?

인공지능도 컴퓨터 프로그램이라고 했는데, 그렇다면 그냥 프로그램과는 어떤 차이가 있을까요? 왜 일반적인 프로그램은 인공지능이라고 부르지 않는 걸까요?

일반적인 프로그램은 '데이터'와 '규칙'을 통해 '결과'를 만들어 냅니다. 택배 상자의 크기를 입력하면 대형/중형/소형으로 분류해 주는 프로그램을 만든다고 가정해 보겠습니다. 우리는 택배 상자의 크기를 결정하는 '가로', '세로', '높이'와 같은 데이터로 분류해 줄 수 있는 '규칙'을 만들어야 합니다. 가로, 세로, 높이를 더해서 100cm 이하이면 '소형'으로, 101~200cm면 '중형'으로, 201cm 이상이면 '대형'으로와 같이 컴퓨터가 데이터를 입력받으면 판단할 수 있는 기준인 규칙은 사람이 직접 만들어야 합니다. 이렇게 완성된 프로그램에 '데이터'를 입력하면 미리 작성한 '규칙'대로 대형/중형/소형이라는 '결과'가 나오게 됩니다.

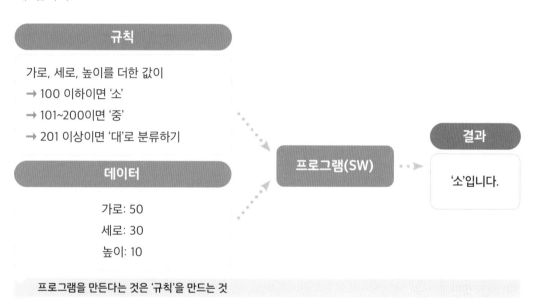

프로그램을 만든다는 것은 '규칙'을 만드는 것

인공지능을 만드는 것은 프로그램을 만드는 것과 다르게 '데이터'와 '결과'를 컴퓨터에 알려 주고 '규칙'을 컴퓨터가 스스로 찾도록 합니다. '가로', '세로', '높이'와 같은 판단 기준이 되는 데이터와 '대형/중형/소형'과 같이 각 데이터와 그 데이터의 결괏값으로 '대형/

소형/중형'으로 나누는 '규칙'을 컴퓨터가 찾아내도록 한다는 것이죠. 데이터가 많으면 많을수록 더 정확한 규칙이 나오게 됩니다.

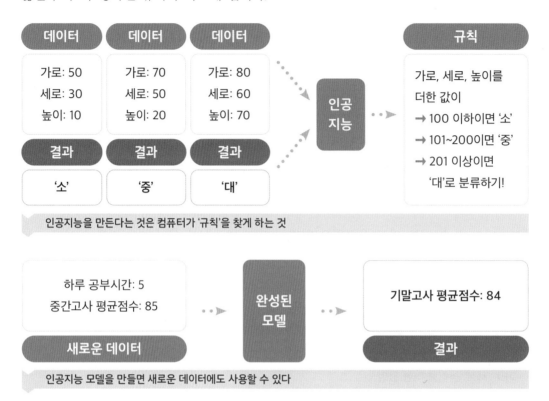

인공지능을 만든다는 것은 컴퓨터가 '규칙'을 찾게 하는 것

인공지능 모델을 만들면 새로운 데이터에도 사용할 수 있다

이렇게 '**데이터**'를 통해 찾아낸 규칙을 '모델'이라고 하고, **규칙을 찾아내는 것을 '학습'**이라고 합니다. '학습'을 통해 '모델'을 만들게 되면 새로운 데이터가 들어와도 결과를 확인할 수 있습니다.

인공지능과 프로그램의 핵심적인 차이는 '규칙'을 누가 만드느냐에 있습니다. 사람이 직접 규칙을 만들면 '프로그램', 수많은 데이터를 통해 컴퓨터가 '규칙'을 만들면 '인공지능'이라는 것이죠.

이런 차이를 알면 '진짜 인공지능'과 '가짜 인공지능'을 쉽게 구분할 수 있게 됩니다. 사람들은 프로그램을 인공지능으로 착각할 때가 많습니다. 기온과 습도에 따라 자동으로 동작하는 인공지능 에어컨을 생각해 봅시다. 만약 '기온이 26도보다 높고, 습도가 60%

가 넘으면 냉방을 시작'과 같은 규칙을 사람이 정교하게 만들었다면, 아무리 정교하게 규칙을 만들더라도 이것은 인공지능이 아니라 똑똑한 프로그램입니다. 그런데 '에어컨을 사용하는 사람이 이런 온도와 이런 습도에서(데이터) 이런 행동(결과)을 했어'라는, 수많은 데이터를 통해 스스로 규칙을 만들어서 동작한다면 그것은 인공지능이라고 할 수 있습니다. 잊지 마세요! **인공지능은 데이터를 통해 스스로 규칙을 찾습니다.**

1.3 인공지능은 어디에 사용되나요?

인공지능은 사람의 지능을 흉내 낸 프로그램이고, 데이터로부터 규칙을 스스로 만들어 낸다고 했었죠? 인공지능은 규칙을 만들기 힘든 분야에서 특히 많이 활용되고 있습니다. 표정을 인식하는 프로그램을 만든다고 해 봅시다. 사진을 보고 웃는 표정이라고 판단하도록 규칙을 만들려면 '입꼬리의 각도', '눈꼬리의 각도', '미간 사이의 거리' 등과 같은 기준으로 규칙을 정해 주어야 하는데, 이것은 사람이 만들기에는 너무나도 어려운 작업입니다. 날씨를 예측하는 프로그램을 만들 때도 마찬가지입니다. 날씨에 영향을 미치는 수많은 기준으로 규칙을 만들어야 하는데, 사람이 규칙을 만들기에는 너무 어렵고 정확도도 떨어지게 됩니다.

인공지능은 이미 우리 생활 곳곳에서 사용되고 있습니다. 사용자의 취향을 파악해서 음악, 영화, 제품을 추천해 주는 추천 시스템, 사람의 말을 인식해서 대답하는 인공지능 스피커, 사람의 눈, 코, 입의 위치를 파악해서 메이크업이나 스티커를 붙여 주는 앱 안에도 인공지능이 들어 있습니다. 뉴스 기사의 내용을 요약해 주는 인공지능, 암을 자동으로 진단해 주는 인공지능, 통역 번역 프로그램, 자율주행 자동차도 모두 인공지능이 적용된 예입니다. 사실, 우리는 이미 인공지능에 둘러싸여 살고 있습니다.

1.4 인공지능으로 문제를 해결하려면?

인공지능을 사용하면 문제를 해결할 수 있습니다. '문제'라는 것은 수학 문제를 말하는 것이 아니라, 무언가를 해결하고 싶은 모든 것이 문제라고 할 수 있습니다. 생활 속의 불편함이나 귀찮음을 해결하는 것, 모르는 것을 알고 싶은 것도 모두 문제입니다.

'문제 해결'이라는 것은 내가 원하는 상태가 되게 하는 것을 말합니다. 그렇다면 인공지능으로 문제를 어떻게 해결할 수 있을까요? 다음의 단계를 살펴봅시다.

1) 문제 정의: 먼저 내가 해결하려는 문제를 정리해야 합니다. 인공지능은 주로 '예측', '분류', '군집' 문제를 잘 해결하기 때문에 내가 해결하려는 문제가 어디에 해당하는지를 확인하고 거기에 맞는 형태로 정리하는 것이 좋습니다.

- **예측**: A라는 데이터로 B가 어떻게 될지를 알고 싶다.

  (예: 이전 시험 점수와 공부 시간 데이터로 다음 시험 점수를 알고 싶다.)
- **분류**: A라는 데이터가 어디에 해당하는지를 알고 싶다.

  (예: 동물 사진을 넣으면 이 동물이 어떤 동물인지 분류해 주면 좋겠다.)
- **군집화**: 데이터로 몇 개의 그룹을 만들고 싶다.

  (예: 게임 시간과 게임 접속 횟수를 기준으로 사용자 그룹을 4개로 나눠 보고 싶다.)

해결할 문제	택배 상자의 크기로 대형/중형/소형으로 자동 분류하고 싶다.

2) 데이터 수집: 인공지능은 데이터를 통해 규칙을 찾아냅니다. 내 문제를 해결하기 위해서 어떤 데이터가 필요한지 정리해야 합니다. 보통은 '문자', '숫자', '이미지', '음성' 데이터와 같은 데이터의 종류와 '점수 데이터', '동물 사진', '남자/여자 목소리'와 같이 문제 해결에 필요한 구체적인 데이터를 정하고 수집합니다.

필요한 데이터의 종류	숫자 데이터					

	번호	가로	세로	높이	무게	접수 시간	분류 결과
수집한 데이터	1	15	30	30	10	9	소형
	2	23	100	200	20	8	대형
	3	84	50	60	5	10	중형
	...						

3) 모델 선택: 모델 선택은 내가 해결하고자 하는 문제와 수집한 데이터에 맞는 적절한 기술을 선택하는 단계입니다. 인공지능의 여러 기술은 1.5절에서 자세히 설명하겠습니다.

필요한 모델	지도학습

4) 특징 추출: 컴퓨터가 스스로 규칙을 찾게 하려면 '어떤 데이터를 기준으로' 규칙을 찾을지 정해 줘야 합니다. 그것을 어려운 말로 '특징' 또는 '속성'이라고 합니다. '특징'은 결과에 영향을 미치는 기준, 문제를 해결하는 데 도움이 될 만한 요소들을 뜻합니다. 이 단계에서는 많은 데이터에서 기준이 되는 데이터를 선택합니다.

	번호	가로	세로	높이	무게	접수 시간	분류 결과
특징 추출	~~1~~	15	30	30	~~10~~	9	소형
	~~2~~	23	100	200	~~20~~	8	~~대형~~
	~~3~~	84	50	60	5	~~10~~	중형
	...						

무게, 접수 시간은 대형/중형/소형으로 분류하는 데 적합하지 않아서 삭제, 분류하는 데 기준이 되는 데이터로 '가로', '세로', '높이'를 선택

5) 학습: 인공지능에서 '학습'은 데이터를 통해 규칙을 찾는 것을 뜻합니다. 데이터를 넣으면 컴퓨터가 스스로 규칙을 찾는 단계입니다.

6) 평가 및 검증: 학습 단계가 끝나면 '모델'이 완성되었습니다. '데이터'를 가지고 찾아낸 규칙을 '모델'이라고 했던 것을 기억하나요? 이제 완성된 모델에 다양한 데이터를 넣어서 얼마나 정확하게 문제를 해결하는지 살펴보는 단계입니다. 성능이 낮으면 데이터를 더 추가하거나, 다른 특징을 선택하거나, 다른 인공지능 기술을 선택해서 성능을 높일 수 있습니다.

1.5 다양한 인공지능 기술

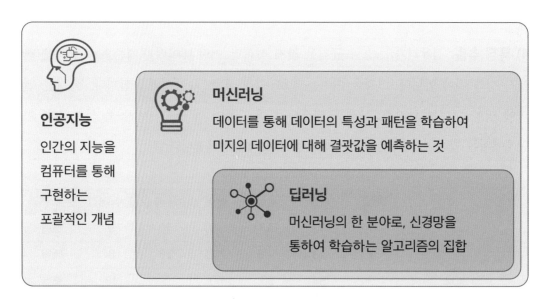

우리는 '인공지능'이라는 하나의 단어를 쓰고 있지만, 그 안에는 정말로 다양한 기술이 있습니다. '인공지능'이라는 말은 사람의 지능을 컴퓨터로 흉내 낸 것을 모두 뜻하는 말입니다. 더 자세히 살펴보면, 인공지능에는 '머신러닝'과 '딥러닝'이라는 대표적인 기술이 있습니다. 두 기술 모두 데이터를 통해서 규칙을 찾아낸다는 공통점이 있지만, 세부적으로 사용하는 기술은 다릅니다.

머신러닝은 '어떤 데이터를 기준으로' 규칙을 찾을지 사람이 정해 줘야 합니다. 앞서 본 택배 상자의 크기를 분류해 주는 예에서 '가로/세로/높이를 더한 데이터'를 기준으로 규칙을 찾아내라고 사람이 정해 주는 작업을 해야 한다는 것입니다. 이렇게 결과에 영향을 미치는 기준, 문제를 해결하는 데 도움이 될 만한 요소들을 '특징(속성)'이라고 하는데, 사람이 직접 컴퓨터에 이 '특징'을 정해 줘야 합니다. 가지고 있는 데이터로 '가로 × 세로 × 높이'와 같이 다양한 특징을 만들어서 이것을 기준으로 규칙을 찾아내라고 할 수 있습니다. 머신러닝은 이런 특징을 어떻게 잘 선택하느냐가 성능 좋은 인공지능을 만들어 내는 데 중요합니다.

딥러닝은 이런 '특징'을 사람이 정해 주지 않아도 스스로 그 특징들을 찾아내는 기술입니다. 사람의 신경세포를 본따서 만든 이 기술은 머신러닝보다 더 많은 데이터가 필요합니다.

이외에도 인공지능 기술은 계속 새롭게 만들어지고 있습니다. 이 책에서는 머신러닝에 대해서 자세히 다룰 것입니다. 머신러닝을 잘 이해하면 다른 기술들도 쉽게 이해할 수 있습니다.

1.6 머신러닝 자세히 알아보기

머신러닝이 뭐예요?

사람이 규칙을 직접 만든 것을 프로그램이라고 했던 것 기억하나요? 인공지능의 한 분야인 **머신러닝(기계학습)**은 '컴퓨터'가 '데이터'에서 스스로 '규칙'을 찾아내는 방법을 말합니다. 규칙을 찾아내면 새로운 데이터에도 답을 할 수 있게 됩니다. 마치 사람의 지능처럼 인식하고 판단하고 행동할 수 있게 되는 것이죠. 그렇다면 컴퓨터가 어떻게 규칙을 찾을 수 있을까요? 규칙을 찾는 것을 학습이라고 하는데, 머신러닝의 학습 방법에는 크게 지도학습, 비지도학습, 강화학습이 있습니다.

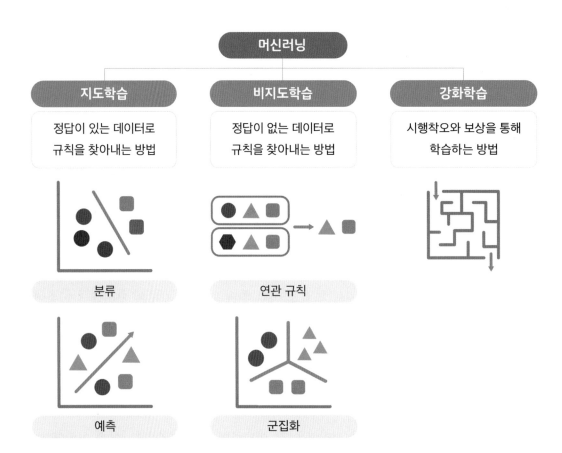

지도학습이 뭐예요?

정답(결과)이 있는 데이터로 규칙을 찾아내는 방법을 **지도학습**이라고 합니다. 수많은 사진 각각에 이것은 '고양이', 저것은 '강아지'라고 정답(이것을 라벨, 클래스라고 합니다.)을 컴퓨터에 알려 주고 학습을 시키면, 컴퓨터가 스스로 규칙을 찾아서 이것이 '고양이'인지 '강아지'인지 분류해 주는 모델을 만들어 내게 됩니다. 완성된 모델에 새로운 사진을 입력하면 고양이 또는 강아지로 분류할 수 있게 되죠.

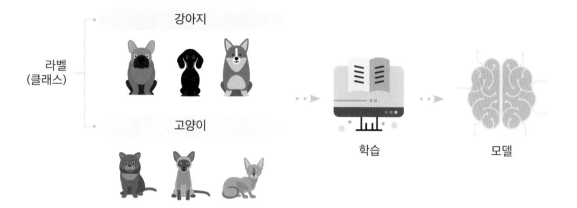

지도학습은 '분류'하고 '예측'하는 데 활용됩니다. '분류'는 '이것은 악플인가 아닌가?'와 같이 '데이터가 A인가 B인가?'로 나누는 것을 뜻합니다. 데이터는 2개가 아니라 그 이상으로도 분류할 수 있습니다. 우리는 이 책에서 분류와 관련해서 다음과 같은 실습을 해 볼 것입니다.

- 어떤 동물인지 분류하는 인공지능 만들기
- 마스크 착용 여부를 확인하는 인공지능 만들기
- 증상을 입력받아서 어떤 병원으로 가야 할지를 분류하는 인공지능 만들기
- 기사 제목으로 기사를 분류하는 인공지능 만들기
- 다양한 소리로 어떤 소리인지 분류하는 인공지능 만들기
- 키와 몸무게로 과체중 여부를 분류해 주는 인공지능 만들기

'예측'은 '수학 공부를 10시간 했을 때 수학 점수는 몇 점이 될 것인가?'와 같이 입력한 데이터를 통해 결과가 어떤 숫자가 될 것인지 예측하는 것을 뜻합니다. 우리가 예측과 관련해서 실습할 내용은 다음과 같습니다.

- 미래 인구 비율을 예측하는 인공지능 만들기
- 영업 시간과 최고 기온으로 아이스크림 판매량을 예측하는 인공지능 만들기

비지도학습이 뭐예요?

정답을 알려 주지 않고 규칙을 찾아내는 방법을 **비지도학습**이라고 합니다. 컴퓨터가 수많은 데이터 속에서 관계나 패턴을 찾아내도록 하는 것이지요. 비지도학습은 '연관 규칙'을 분석하거나 '군집화'에 활용됩니다.

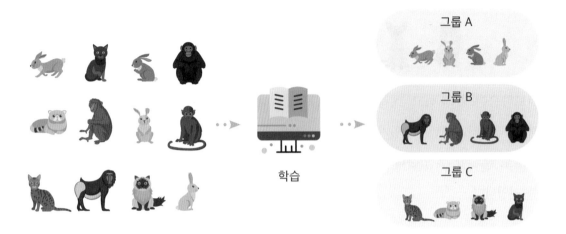

'연관 규칙'은 자주 발생하는 패턴을 찾는 것을 뜻합니다. 예를 들어, 사람들이 마트에서 물건을 구매하는 데이터에서 '사이다'를 사면 '고기'도 산다와 같이 자주 발생하는 패턴을 발견하는 것이죠. 우리가 인터넷에서 영상을 보거나 물건을 구매할 때 '추천 영상', '추천 상품'도 비지도학습에서 연관 규칙을 활용한 예입니다.

'군집화'는 데이터를 비슷한 것끼리 몇 개의 그룹으로 나누는 것을 뜻합니다. 게임 이용자의 접속 횟수와 사용 시간을 기준으로 몇 개의 이용자 그룹을 나누는 것, 사진 데이터에 대해 색깔을 기준으로 몇 개의 그룹으로 나누는 것이 군집화의 예입니다. 우리가 군집화와 관련해서 실습할 내용은 다음과 같습니다.

- 키, 몸무게를 기준으로 체급을 나누는 인공지능 만들기
- 학교 위치를 기준으로 전국의 학교를 몇 개의 구역으로 나누는 인공지능 만들기

강화학습이 뭐예요?

컴퓨터가 시행착오를 통해 스스로 학습해 나가는 방법을 **강화학습**이라고 합니다. 강화학습에서는 컴퓨터가 특정 상황에서 다양한 방식으로 행동하게 합니다. 각 행동은 목표를 달성하는 데 얼마나 도움이 되었는지를 따져서 보상을 받게 되고, 컴퓨터는 이런 행동을 계속해 보면서 특정 상황에서 보상을 가장 많이 받는 행동을 찾게 됩니다.

벽돌깨기 게임과 같은 단순한 곳에서부터 알파고와 자율주행 자동차까지 강화학습은 다양한 곳에 활용되고 있습니다.

1.7 학습된 인공지능 활용하기

지금까지 컴퓨터가 학습하는 여러 방법을 알아보았습니다. 우리가 컴퓨터에게 학습을 시켜 완성한 인공지능을 다른 사람이 사용하게 할 수도 있습니다. 컴퓨터 프로그램을 만들고 다른 사람에게 공유하여 다른 사람이 사용하고 수정할 수 있는 것처럼 말이죠. 다음 장으로 넘어가서 우리가 학습시키기 전에 먼저 전문가들이 학습시켜 놓은 다양한 인공지능을 활용해서 문제를 해결하는 인공지능 프로그램을 만들어 봅시다.

MEMO

CHAPTER

2

엔트리 소개

2.1 엔트리란?

엔트리(Entry)는 우리나라에서 만든 교육용 프로그래밍 언어입니다. 'Entry'의 뜻이 '입장'인 것처럼, 엔트리를 사용하면 누구나 쉽게 인공지능과 프로그래밍의 세계로 들어올 수 있습니다.

엔트리에서는 일상 언어로 이루어진 명령어 블록을 순서대로 조립하면서 자신만의 인공지능과 프로그램을 만들고 다른 사람과 공유할 수 있습니다.

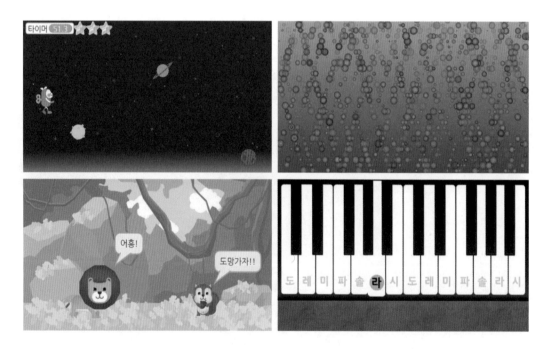

2.2 엔트리 가입하기

엔트리 사용 환경

엔트리는 인터넷으로 접속해서 사용하는 방법과 오프라인 프로그램을 다운로드하여 사용하는 방법이 있습니다. 인터넷에서는 별도의 프로그램을 설치하지 않고 이용할 수 있습니다. 인터넷 환경과 인터넷 브라우저만 있으면 언제든지 엔트리 사이트(playentry.org)에 접속해서 프로그램을 만들 수 있습니다. 다만, 인터넷 익스플로러(Internet Explorer)는 버전 11 이상이면 사용할 수 있지만, 구글의 크롬(Chrome)을 사용하는 것이 더 좋습니다.

오프라인 프로그램은 엔트리 사이트의 [다운로드] 메뉴에서 설치할 수 있습니다. 1GB 이상의 하드디스크 용량과 Windows 8 혹은 MAC OS 10.8 이상의 운영체제가 설치되어 있으면 인터넷이 연결되어 있지 않아도 엔트리를 사용할 수 있습니다. 다만, 인공지능과 관련된 기능은 오프라인 프로그램에서 사용할 수 없습니다.

회원가입

엔트리는 회원가입을 하지 않고도 누구나 무료로 사용할 수 있지만, 자신이 만든 인공지능과 소프트웨어를 저장하고 공유하려면 회원가입을 해야 합니다. 그러면 회원가입을 해 볼까요?

1 인터넷 브라우저를 열어 주소창에 playentry.org를 입력하고 오른쪽 상단의 [로그인]을 누릅니다.

2▶ 로그인 화면이 나타나면 오른쪽 하단의 **[회원가입하기]**를 누릅니다. 회원가입 화면이 나타나면 이용약관과 개인정보 수집 약관에 동의한 후 **[e 아이디로 회원가입]**을 누릅니다.

✔ **TIP**
네이버 아이디가 있다면 **[네이버로 회원가입]**을 누르면 간편하게 가입할 수 있습니다.

3▶ 아이디와 비밀번호를 입력하고 **[다음]**을 누릅니다. 회원 유형에서는 **일반**을 선택합니다. 성별, 닉네임, 공유할 학년을 모두 설정하고, 메일 주소가 있다면 입력한 뒤 **[확인]**을 누릅니다.

✔ **TIP**
비밀번호는 5자 이상의 영문/숫자를 조합해서 입력해야 합니다.

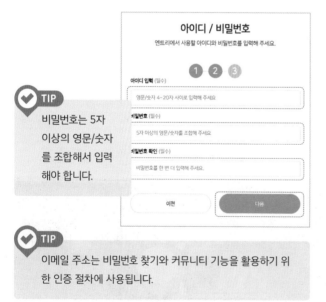

✔ **TIP**
이메일 주소는 비밀번호 찾기와 커뮤니티 기능을 활용하기 위한 인증 절차에 사용됩니다.

4 회원가입이 완료되면 **[메인으로]** 버튼을 누릅니다.

5 화면 오른쪽 상단에 보이는 아이콘을 누르면 **[마이 페이지]** 메뉴를 확인할 수 있습니다. **[마이 페이지]**에서는 여러분이 만든 작품을 저장하고, 수정하고, 공유할 수 있습니다.

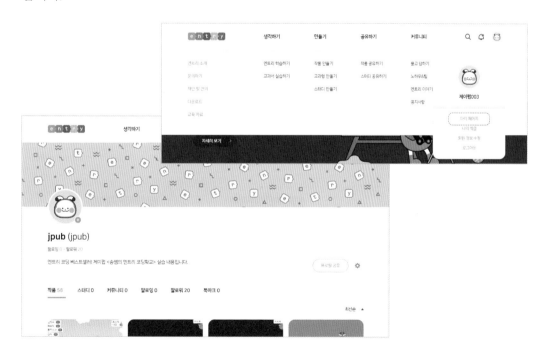

2.3 엔트리 화면 구성

회원가입을 했다면 이제 엔트리가 어떻게 구성되어 있는지 알아볼까요? 다음과 같이 로그인을 한 뒤 상단 메뉴에서 **[만들기]** ➡ **[작품 만들기]**를 클릭하면 엔트리 만들기 화면이 나옵니다.

엔트리 만들기 화면은 다음과 같습니다.

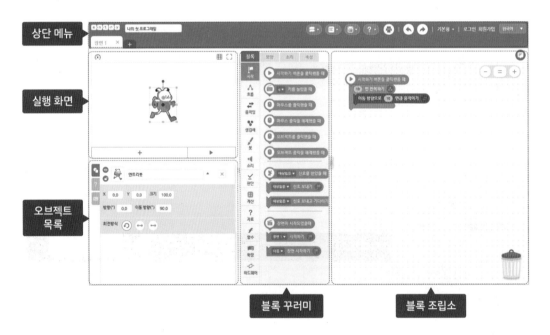

상단 메뉴

상단 메뉴는 작품 제목과 저장 버튼, 도움말, 나의 계정 등 환경과 관련된 요소로 이루어져 있습니다.

1 **엔트리 로고** 엔트리 메인 페이지로 이동합니다.

2 **작품 이름** 작품의 이름입니다. 클릭하여 다른 이름으로 변경할 수 있습니다.

3 **모드 변경** 블록 코딩 또는 엔트리 파이썬으로 모드를 변경할 수 있습니다.

4 **새로 만들기** 작품을 새로 만들거나 저장한 작품을 불러옵니다.

5 **저장** 현재 작품을 저장하거나 복사본으로 저장합니다.

6 **도움말** 엔트리 사용과 관련된 도움말을 확인할 수 있습니다.

7 **출력** 만든 작품의 내용을 프린터로 출력할 수 있습니다.

8 **이전 작업 & 다음 작업** 작업을 바로 이전이나 이후로 되돌릴 수 있습니다.

9 **전환 버튼** 실과 교과서에 최적화된 만들기 모드로 전환할 수 있습니다.

10 **계정** 로그인 상태에서 자신의 아이디를 클릭하면 내가 저장한 작품을 조회할 수 있습니다. 또한 나의 정보를 수정하거나 로그아웃할 수 있습니다.

11 **언어** 한국어, 영어로 언어를 변경할 수 있습니다.

블록 꾸러미

블록 꾸러미는 블록, 모양, 소리, 속성 탭으로 이루어져 있습니다. 그리고 블록 탭에는 15개의 카테고리와 그에 따른 블록들이 들어 있습니다.

1️⃣ **블록 탭** 오브젝트를 움직일 수 있는 다양한 명령 블록이 있는 곳입니다. 시작, 흐름 등 15개 카테고리에 200여 개의 블록이 있습니다.

2️⃣ **모양 탭** 오브젝트의 모양을 추가하거나 이름을 수정하고 복제하는 등의 작업을 할 수 있습니다.

3️⃣ **소리 탭** 오브젝트의 소리를 관리하는 탭입니다. 소리를 새롭게 추가할 수도 있고, 이미 추가된 소리들을 재생 버튼을 이용해서 바로 들어 볼 수도 있습니다.

4️⃣ **속성 탭** 코드에 관여하는 변수나 신호, 리스트, 함수 등을 추가할 수 있습니다.

5️⃣ **카테고리** 같은 성격을 가진 블록을 묶어 놓은 공간입니다.

6️⃣ **블록** 가장 작은 단위의 명령어입니다. 블록으로 오브젝트에 명령을 내려서 프로그램을 만들 수 있습니다.

블록 조립소

블록 조립소는 블록 꾸러미에 있는 블록들을 마우스로 가져와서 조립하는 공간입니다. 오브젝트마다 별도의 블록 조립소가 있으며, 블록을 연결한 후 시작하기 버튼(▶)을 누르면 위에 있는 블록부터 순서대로 실행됩니다.

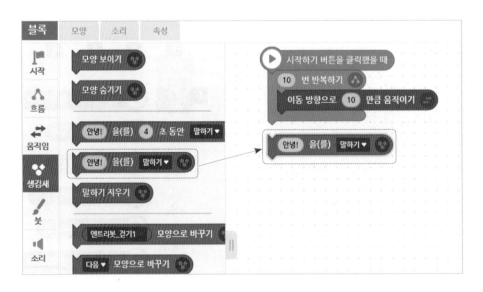

실행 화면

실행 화면은 블록 조립소에서 만든 프로그램이 실행되는 공간입니다. 실행 화면은 좌표를 가지고 있습니다. 실행 화면 한가운데의 좌푯값 x = 0, y = 0을 중심으로, x축은 –240 ~ 240까지 y축은 –135 ~ 135까지 나타낼 수 있습니다. 모눈종이 버튼을 클릭하면 실행 화면의 좌표를 볼 수 있으며, 모눈종이의 한 칸의 값은 '20'입니다. 실행 화면 위에 마우스를 가져가면 상단에 마우스 포인터의 좌표가 나타나며, 오브젝트의 목록창에서는 오브젝트 중심점의 좌표를 확인할 수 있습니다.

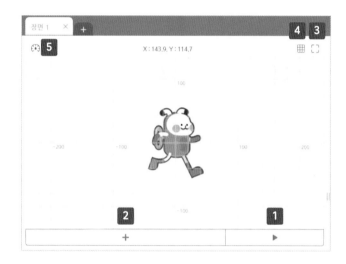

1. **시작하기** 작성한 코드를 실행할 수 있습니다.
2. **오브젝트 추가하기** 새로운 오브젝트를 추가할 수 있습니다.
3. **확대** 실행 화면을 최대로 확대합니다. '원래 크기로' 버튼(▫)을 누르면 기존의 화면 크기로 돌아갑니다.
4. **모눈종이** 실행 화면에 모눈종이를 표시합니다.
5. **속도 조절** 프로젝트가 실행되는 속도를 조절할 수 있습니다.

오브젝트와 오브젝트 목록

명령어를 통해 움직일 수 있는 캐릭터, 배경, 글상자 등을 **오브젝트**라고 합니다. 오브젝트는 이름, 위치, 크기, 방향, 이동 방향, 회전 방식의 정보를 가지고 있습니다. 이러한

정보들은 오브젝트 핸들러(오브젝트의 점)를 이용하여 바꾸거나 오브젝트 목록 창에서 변경할 값을 직접 입력할 수 있습니다. 또한, 작품에 사용된 모든 오브젝트들은 오브젝트 목록에 나열되어 있습니다.

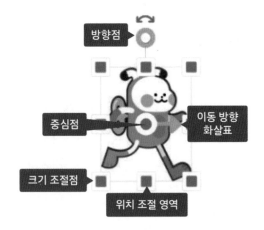

1. **전환 버튼** 버튼을 클릭하여 오브젝트 목록, 블록 도움말, 콘솔 창을 불러올 수 있습니다.
2. **표시** 해당 오브젝트를 실행 화면에서 숨기거나 보이게 할 수 있습니다.
3. **고정** 해당 오브젝트의 위치와 크기를 고정할 수 있습니다.
4. **삭제** 해당 오브젝트를 삭제합니다.
5. **이름** 오브젝트의 이름을 나타냅니다. 클릭하여 수정할 수 있습니다.
6. **위치** 오브젝트 중심점의 x, y 좌표를 의미합니다. 오브젝트가 선택된 상태에서 위치 조절 영역을 끌어 옮기거나 오브젝트 목록 창에서 직접 좌표를 입력할 수 있습니다. 중심점만 옮겨도 위치가 변하지만, 특별한 목적이 없는 경우에는 중심점이 오브젝트의 중앙에 위치하는 것이 좋습니다. (오브젝트를 끌어 옮길 때는 방향점이나 중심점, 크기 조절점을 누르지 않도록 합니다.)

7 **크기** 오브젝트의 크기를 나타냅니다. 오브젝트의 크기는 크기 조절점을 끌어 옮겨 조절하거나 오브젝트 목록 창에서 직접 입력할 수 있습니다. 크기 조절점을 사용하면 오브젝트의 가로/세로 길이를 다르게 조절할 수 있으며, 직접 입력하면 가로/세로가 일정한 비율로 조절됩니다. 처음 오브젝트를 불러올 때의 크기는 100으로 제공되며, '배경' 카테고리에 해당하는 오브젝트는 실행 화면에 꽉 차는 크기인 375로 제공됩니다.

8 **방향** 오브젝트의 기울어진 정도를 의미합니다. 오브젝트의 방향은 방향점을 끌어 옮겨 바꿀 수 있습니다. 시계의 12시 방향을 0°로 하여 시계 방향으로 돌릴수록 각도가 증가하고, 360°가 되면 0으로 돌아옵니다. 오브젝트 목록 창에서 직접 방향 값을 입력할 수도 있습니다. 오브젝트가 회전할 때에는 중심점을 기준으로 회전합니다.

9 **이동 방향** 오브젝트의 진행 방향을 의미합니다. 오브젝트의 이동 방향은 '이동 방향 화살표'를 끌어 옮겨 변경할 수 있습니다. 이동 방향은 이동 방향 화살표와 방향점이 일치할 때를 0°로 하여 시계 방향으로 돌릴수록 증가하며, 360°가 되면 0으로 돌아옵니다. 즉, 이동 방향은 중심점과 방향점을 잇는 축을 기준으로 이동 방향 화살표만큼 벌어진 각도를 의미합니다. 이동 방향도 오브젝트 목록 창에서 직접 값을 입력할 수 있습니다.

10 **회전 방식** 오브젝트의 회전 방식을 결정합니다. 회전 방식에는 모든 방향 회전, 좌우 방향 회전, 회전 없음의 세 가지 방식이 있으며, '화면 끝에 닿으면 튕기기' 블록을 사용하면 회전 방식에 따른 오브젝트의 회전 모습을 볼 수 있습니다.

2.4 엔트리 동작 원리

엔트리로 프로그래밍을 하는 과정은 연극을 만드는 과정과 같습니다. 여러분이 연극을 만드는 사람이라고 생각해 보세요. 연극에는 무대와 배우, 소품이 등장합니다. 그리고 등장하는 모든 것은 대본에 따라 말과 행동을 하게 됩니다. 연극을 만들기 위해서는 가장 먼저 어떤 무대와 배우, 소품들이 필요한지 생각한 다음, 그들이 순서대로 어떤 말과 행동을 할지 대본을 만들어야 합니다. 대본이 만들어진 후에는 연습을 하고 감독이 '큐!' 사인을 주면 대본에 따라 연극이 진행됩니다.

엔트리로 프로그램을 만들 때도 마찬가지입니다. 연극에 등장하는 무대, 배우, 소품 등을 엔트리에서는 '오브젝트'라 합니다. 그리고 연극의 대본처럼 오브젝트가 어떤 행동을 할지 정해 주는 것을 '코드'라 합니다. 연극에서 감독이 큐 사인을 주면 연극이 시작되는 것처럼, 엔트리에서는 시작하기 버튼(▶)을 누르면 프로그램이 시작되고 오브젝트는 코드에 따라 행동하게 됩니다. 이렇게 완성된 연극을 엔트리에서는 '작품'이라 합니다. 앞으로는 소프트웨어와 프로그램, 작품을 모두 같은 말로 사용하겠습니다.

연극

작품(프로그램)

용어 정리하기

오브젝트	연극의 등장인물과 배경, 소품처럼 실행 화면에서 명령어를 통해 움직일 수 있는 것들
실행 화면	연극의 무대처럼 오브젝트가 있는 화면 공간
블록	연극에서 하나의 대사처럼 오브젝트를 움직이거나 변화시킬 수 있는 각각의 명령어
코드	연극의 대본처럼 블록들을 조립하여 만든 명령어 모음
작품	완성된 연극처럼 완성된 프로그램

인공지능 활용하기

활용 1 사연 읽어주는 인공지능 만들기

1.1 문제 살펴보기

발견한 문제	• 예쁜 목소리로 사연을 읽어주는 라디오 MC가 감기에 걸렸어요. • 언제나 예쁜 목소리로 사람들에게 사연을 읽어주고 싶어요.
인공지능으로 해결하기	• 문장을 입력하면 인공지능이 사람의 목소리로 문장을 읽어주면 좋겠어요.

1.2 인공지능 살펴보기

준비물	🔊	예제 주소	

https://bit.ly/entryai101

> 사연을 읽어드립니다. 사연을 입력해주세요.
>
> 안녕하세요. 저는 인공지능에 관심이 있는 학생입니다. ✓

1단계 사연을 문장으로 입력합니다.

2단계 남성과 여성 중 하나를 입력해서 목소리의 종류를 선택합니다.

3단계 인공지능이 입력한 사연을 말풍선으로 보여주고 선택한 목소리로 읽어줍니다.

1.3 인공지능 이해하기

엔트리에서 제공하는 학습된 인공지능을 알아봅시다.

읽어주기

nVoice 음성합성 기술로 다양한 목소리로 문장을 읽는 블록모음 입니다.

읽어주기 인공지능

문자를 입력하면 음성으로 읽어주는 인공지능입니다. 우리가 다양한 데이터를 넣어서 학습시키지 않아도 네이버에서 많은 데이터로 이미 학습을 시켜 놓았기 때문에 우리는 제공하는 블록을 사용하기만 하면 됩니다. 다음의 블록들을 활용해서 음성을 읽어주는 다양한 인공지능 활용 작품을 만들 수 있습니다.

제공하는 블록

엔트리 읽어주기 ●┈┈┈┈┈┈┈┈┈┈● 입력한 문자를 설정된 목소리로 읽어줍니다.

엔트리 읽어주고 기다리기 ●┈┈┈┈┈┈● 입력한 문자를 설정된 목소리로 읽어준 후에 다음 블록을
실행합니다.

여성▼ 목소리를 보통▼ 속도 보통▼ 음높이로 설정하기
┊
┊
읽어주는 목소리, 속도, 음높이를 설정합니다.
- **목소리**는 '여성, 남성, 친절한, 감미로운, 울리는, 장난스러운, 앙증맞은'을 선택할 수 있습니다.
- **읽는 속도**는 '매우 느린, 느린, 보통, 빠른, 매우 빠른'을 선택할 수 있습니다.
- **음높이**는 '매우 낮은, 낮은, 보통, 높은, 매우 높은'을 선택할 수 있습니다.

1.4 코 딩 하 기

사람들이 인공지능을 사용해서 문제를 쉽게 해결하도록 코딩을 해 봅시다.

STEP 1 오브젝트 준비하기

이름	꼬마 로봇	뉴스 세트장
카테고리	판타지	배경
x	0	0
y	-30	0
크기	100	375

1 ▶ 오브젝트 목록 창에서 ✕를 눌러 '엔트리봇' 오브젝트를 삭제합니다.

2 ▶ + 오브젝트 추가하기 를 눌러 '꼬마 로봇, 뉴스 세트장' 오브젝트를 추가합니다.

3 ▶ 다음과 같이 오브젝트의 위치
와 크기를 변경합니다.

✅ TIP

자세한 위치와 크기는 [오브젝트 준비하기]
를 확인합니다.

1 블록 꾸러미에서 [인공지능] ➡ [인공지능 블록 불러오기]를 순서대로 클릭합니다.

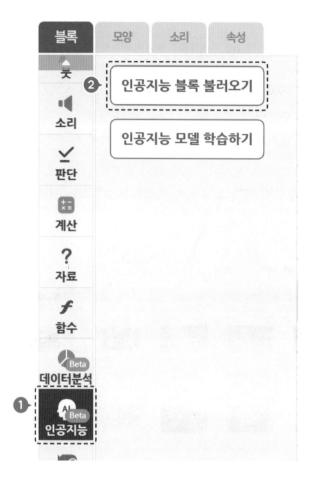

2 [읽어주기] ➡ [불러오기]를 순서대로 클릭합니다.

3 읽어주기 인공지능 블록이 추가되었습니다. 이제 이 블록을 활용해서 작품을 만들어 봅시다.

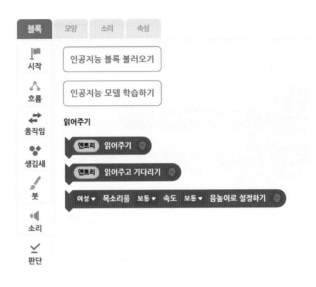

1 입력받은 사연과 선택한 목소리를 저장할 변수를 만들어 봅시다. [속성] ➡ [변수] ➡ [변수 추가하기]를 누르고 변수 이름을 각각 '사연', '목소리'로 입력한 후에 [확인]을 누릅니다.

2 사연과 목소리를 입력받아 '사연', '목소리' 변수에 저장하도록 '꼬마 로봇' 오브젝트를 클릭하고, '시작'의 `▶ 시작하기 버튼을 클릭했을 때` 를 가져옵니다. 그 아래에 '자료'의 `안녕! 을(를) 묻고 대답 기다리기 ?` 와 `대답` 의 `변수▼ 를 10 (으)로 정하기 ?` 를 연결해서 다음과 같이 코드를 작성합니다.

```
▶ 시작하기 버튼을 클릭했을 때
  사연을 읽어드립니다. 사연을 입력해주세요. 을(를) 묻고 대답 기다리기 ?
  사연▼ 를 대답 (으)로 정하기 ?
  목소리를 선택하세요. (남성/여성 중 하나를 입력하세요.) 을(를) 묻고 대답 기다리기 ?
  목소리▼ 를 대답 (으)로 정하기 ?
```

3 목소리를 '여성'으로 입력했을 경우 말풍선으로 사연을 보여주고 여성 목소리로 읽어주게 해 봅시다. '흐름'의 `만일 참 이라면 △` 을 연결하고 `참` 에는 '판단'의 `◁ 10 = 10 ▷` 을 넣습니다. 오른쪽 `10` 에는 '자료'의 `목소리▼ 값` 을 넣고 왼쪽 `10` 에는 '여성'을 입력합니다. 이 코드로 목소리를 '여성'으로 입력했는지 판단할 수 있습니다. '생김새'의 `안녕! 을(를) 말하기▼ ↻`, '자료'의 `사연▼ 값`, '인공지능'의 `여성▼ 목소리를 보통▼ 속도 보통▼ 음높이로 설정하기 ◉`, `엔트리 읽어주고 기다리기 ◉` 를 가져와 다음과 같이 코드를 작성합니다. 이 코드는 `사연▼ 값` 변수에 담긴 문장을 말풍선으로 보여주고 여성의 목소리로 읽는 코드입니다.

```
▶ 시작하기 버튼을 클릭했을 때
  사연을 읽어드립니다. 사연을 입력해주세요. 을(를) 묻고 대답 기다리기 ?
  사연▼ 를 대답 (으)로 정하기 ?
  목소리를 선택하세요. (남성/여성 중 하나를 입력하세요.) 을(를) 묻고 대답 기다리기 ?
  목소리▼ 를 대답 (으)로 정하기 ?
  만일 목소리▼ 값 = 여성 (이)라면 △
    사연▼ 값 을(를) 말하기▼ ↻
    여성▼ 목소리를 보통▼ 속도 보통▼ 음높이로 설정하기 ◉
    사연▼ 값 읽어주고 기다리기 ◉
```

4 3번과 같은 방법으로 이번에는 '남성'을 입력했을 때 남성 목소리가 나오게 해 봅시다.

```
시작하기 버튼을 클릭했을 때
  사연을 읽어드립니다. 사연을 입력해주세요. 을(를) 묻고 대답 기다리기 ?
  사연 ▼ 를 대답 (으)로 정하기 ?
  목소리를 선택하세요. (남성/여성 중 하나를 입력하세요.) 을(를) 묻고 대답 기다리기 ?
  목소리 ▼ 를 대답 (으)로 정하기 ?
  만일 목소리 ▼ 값 = 여성 (이)라면
    사연 ▼ 값 을(를) 말하기 ▼
    여성 ▼ 목소리를 보통 ▼ 속도 보통 ▼ 음높이로 설정하기
    사연 ▼ 값 읽어주고 기다리기
  만일 목소리 ▼ 값 = 남성 (이)라면
    사연 ▼ 값 을(를) 말하기 ▼
    남성 ▼ 목소리를 보통 ▼ 속도 보통 ▼ 음높이로 설정하기
    사연 ▼ 값 읽어주고 기다리기
```

5 마지막으로 '자료'의 〔대답 숨기기 ▼ ?〕, 〔변수 변수 ▼ 숨기기 ?〕를 가져와서 실행 화면에 변수 창이 뜨지 않게 만듭니다.

```
시작하기 버튼을 클릭했을 때
  대답 숨기기 ▼ ?
  변수 사연 ▼ 숨기기 ?
  변수 목소리 ▼ 숨기기 ?
  사연을 읽어드립니다. 사연을 입력해주세요. 을(를) 묻고 대답 기다리기 ?
  사연 ▼ 를 대답 (으)로 정하기 ?
  목소리를 선택하세요. (남성/여성 중 하나를 입력하세요.) 을(를) 묻고 대답 기다리기 ?
  목소리 ▼ 를 대답 (으)로 정하기 ?
  만일 목소리 ▼ 값 = 여성 (이)라면
    사연 ▼ 값 을(를) 말하기 ▼
    여성 ▼ 목소리를 보통 ▼ 속도 보통 ▼ 음높이로 설정하기
    사연 ▼ 값 읽어주고 기다리기
  만일 목소리 ▼ 값 = 남성 (이)라면
    사연 ▼ 값 을(를) 말하기 ▼
    남성 ▼ 목소리를 보통 ▼ 속도 보통 ▼ 음높이로 설정하기
    사연 ▼ 값 읽어주고 기다리기
```

6 ▶시작하기 를 눌러서 사연과
목소리를 입력하면 선택한 목소리로
사연을 읽어줍니다.

안녕하세요. 저는 인공지능에
관심이 있는 학생입니다.

정 리 하 기

- 다른 사람이 학습시켜 놓은 인공지능을 활용할 수 있다는 것을 배웠습니다.
- 읽어주기 인공지능을 활용해서 작품을 만들었습니다.

💡 더 나아가기

- 계속 사연을 입력받고 읽어주게 해 봅시다.
- 다양한 목소리를 더 선택할 수 있게 해 봅시다.

2 만능 번역 인공지능 만들기

2.1 문제 살펴보기

발견한 문제	• 외국에 나갔는데, 영어로 적힌 문장을 이해하지 못했어요. • 내가 하고 싶은 말도 영어로 표현하기 어려웠어요.
인공지능으로 해결하기	• 문장을 입력하면 인공지능이 번역을 해 주면 좋겠어요.

2.2 인공지능 살펴보기

준비물	없음	예제 주소	

https://bit.ly/entryai102

1단계 원하는 번역을 선택합니다.

한국어 -> 영어 영어 -> 한국어

원하는 번역을 선택해봐!

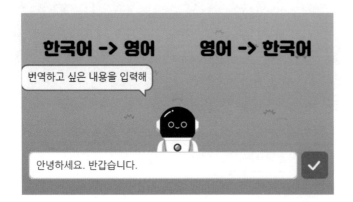

2단계 번역하고 싶은 내용을 입력합니다.

3단계 인공지능이 입력한 내용을 번역해서 말풍선으로 보여줍니다.

2.3 인공지능 이해하기

엔트리에서 제공하는 학습된 인공지능을 알아봅시다.

번역
파파고를 이용하여 다른 언어로 번역할 수 있는 블록 모음입니다.

번역 인공지능

문자를 입력하면 다양한 언어로 번역해 주는 인공지능입니다. 우리가 다양한 데이터를 넣어서 학습시키지 않아도 네이버에서 많은 데이터로 이미 학습을 시켜 놓았기 때문에 우리는 제공하는 블록을 사용하기만 하면 됩니다. 다음의 블록들을 활용해서 인공지능 번역 기능이 있는 다양한 작품을 만들 수 있습니다.

제공하는 블록

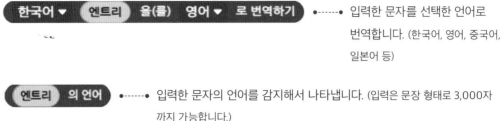

입력한 문자를 선택한 언어로 번역합니다. (한국어, 영어, 중국어, 일본어 등)

입력한 문자의 언어를 감지해서 나타냅니다. (입력은 문장 형태로 3,000자까지 가능합니다.)

예제

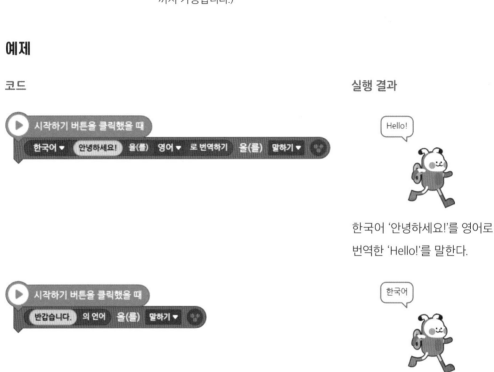

코드

실행 결과

한국어 '안녕하세요!'를 영어로 번역한 'Hello!'를 말한다.

'반갑습니다.'의 언어를 감지해서 '한국어'라고 알려 준다.

2.4 코딩하기

사람들이 인공지능을 사용해서 문제를 쉽게 해결하도록 코딩을 해 봅시다.

STEP 1 오브젝트 준비하기

		A	A	
이름	소놀 AI 로봇	한국어 → 영어	영어 → 한국어	풀
카테고리	물건	글상자	글상자	배경
x	0	-120	120	0
y	-50	80	80	0
크기	100	100	100	375

1 오브젝트 목록 창에서 ✕를 눌러 '엔트리봇' 오브젝트를 삭제하고 + 오브젝트 추가하기 를 눌러 '소놀 AI 로봇, 풀' 오브젝트를 추가합니다.

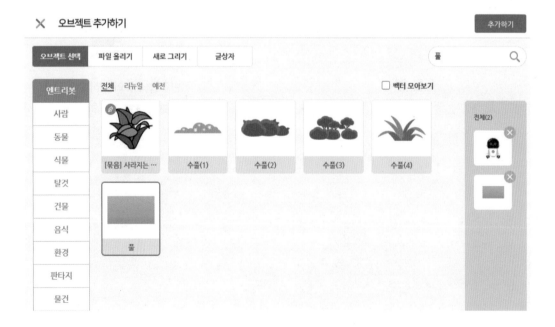

2 ┃ + 오브젝트 추가하기 ┃를 한 번 더 누르고 [글상자]를 클릭한 후에 '한국어 ➡ 영어'를 입력 합니다. 글씨의 색상, 글꼴, 배경은 원하는 대로 수정한 후에 [추가하기]를 누릅니다. 같 은 방식대로 '영어 ➡ 한국어' 글상자도 추가합니다.

3 ┃ 다음과 같이 오브젝트의 위치 와 크기를 변경합니다.

TIP
자세한 위치와 크기는 [오브젝트 준비하기] 를 확인합니다.

STEP 2 인공지능 블록 불러오기

1 ┃ 블록 꾸러미에서 [인공지능] ➡ [인공지능 블록 불러오기]를 순서대로 클릭합니다.

2 [번역] ➡ [불러오기]를 순서대로 클릭합니다.

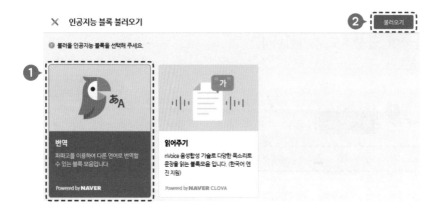

3 번역 인공지능 블록이 추가되었습니다. 이제 이 블록을 활용해서 작품을 만들어 봅시다.

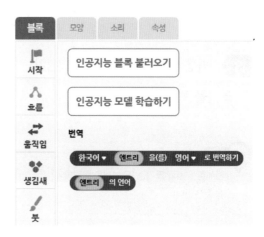

STEP 3 코딩하기

---

1 '소놀 AI 로봇' 오브젝트를 클릭하고 '시작'의 [▶ 시작하기 버튼을 클릭했을 때]와 '생김새'의
[안녕! 을(를) 말하기 ▼]를 연결해서 다음과 같이 코드를 작성합니다.

▶ 시작하기 버튼을 클릭했을 때
원하는 번역을 선택해봐! 을(를) 말하기 ▼

2 글상자를 클릭했을 때 소놀 AI 로봇이 반응하도록 [속성] ➡ [신호] ➡ [신호 추가하기]를 누르고 신호 이름을 각각 '한영', '영한'으로 정한 다음 [확인]을 눌러 2개의 신호를 추가해 줍니다.

3 글상자 오브젝트인 '영어 ➡ 한국어', '한국어 ➡ 영어'를 각각 클릭하고 '시작'의 `오브젝트를 클릭했을 때`, `대상없음 ▼ 신호 보내기` 를 연결해서 다음과 같이 코드를 작성합니다. 이제 각각의 글상자 오브젝트를 클릭하면 '영한', '한영'이라는 신호가 나갑니다.

영어 ➡ 한국어   한국어 ➡ 영어

4 '한국어 ➡ 영어' 오브젝트를 클릭하면 번역하고 싶은 내용을 입력받도록 '소놀 AI 로봇'을 클릭해서 '시작'의 `대상없음 ▼ 신호를 받았을 때`, '자료'의 `안녕! 을(를) 묻고 대답 기다리기` 를 연결해서 다음과 같이 코드를 작성합니다.

5 입력받은 내용을 번역한 후에 번역본을 저장할 변수를 만들어 봅시다. **[속성]** ➡ **[변수]** ➡ **[변수 추가하기]**를 누르고 변수 이름을 '번역본'으로 입력한 후에 **[확인]**을 누릅니다.

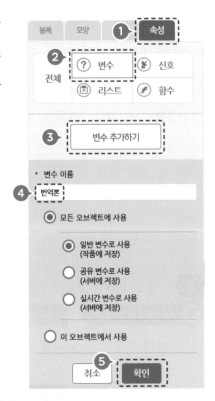

6 '확인'을 클릭한 후에는 '자료'의 [변수▼ 를 10 로 정하기]를 연결하고 '인공지능'의 [한국어▼ 엔트리 을(를) 영어▼ 로 번역하기]를 10에 넣습니다. 엔트리에는 '자료'의 대답을 넣습니다. 이 코드는 묻고 대답 기다리기에서 입력받은 값 대답을 영어로 번역한 후에 번역본▼ 값 변수에 저장하게 합니다.

```
한영 ▼ 신호를 받았을 때
번역하고 싶은 내용을 입력해 을(를) 묻고 대답 기다리기
번역본 ▼ 를  한국어 ▼  대답  을(를)  영어 ▼  로 번역하기  (으)로 정하기
```

7 번역된 값을 말풍선으로 말하도록 '생김새'의 [안녕! 을(를) 말하기 ▼]를 연결하고 안녕!에 번역본▼ 값을 넣습니다. '영어 ➡ 한국어' 오브젝트도 다음처럼 코드를 작성합니다.

```
한영 ▼ 신호를 받았을 때
번역하고 싶은 내용을 입력해 을(를) 묻고 대답 기다리기
번역본 ▼ 를  한국어 ▼  대답  을(를)  영어 ▼  로 번역하기  (으)로 정하기
번역본 ▼ 값  을(를)  말하기 ▼
```
한국어 ➡ 영어

```
영한 ▼ 신호를 받았을 때
번역하고 싶은 내용을 입력해 을(를) 묻고 대답 기다리기
번역본 ▼ 를  영어 ▼  대답  을(를)  한국어 ▼  로 번역하기  (으)로 정하기
번역본 ▼ 값  을(를)  말하기 ▼
```
영어 ➡ 한국어

8 마지막으로 '소놀 AI 로봇'을 클릭하고 '자료'의 변수 변수 ▼ 숨기기 ?, 대답 숨기기 ▼ ? 를 가져와서 실행 화면에 변수 창이 뜨지 않게 만듭니다.

9 ▶시작하기 와 글상자를 클릭하고 문장을 입력하면 인공지능이 번역을 해서 보여줍니다.

- 다른 사람이 학습시켜 놓은 인공지능을 활용할 수 있다는 것을 배웠습니다.
- 번역 인공지능을 활용해서 작품을 만들었습니다.

💡 더 나아가기

- 번역한 것을 인공지능이 읽게 해 봅시다.
- 더 많은 언어를 번역할 수 있게 해 봅시다.

활용 3 인공지능 스피커 만들기

3.1 문제 살펴보기

발견한 문제	• 무거운 짐을 들고 나가려는데 오늘 날씨가 궁금해졌어요. • 짐을 내려놓고 스마트폰을 켜 보기가 불편해요.
인공지능으로 해결하기	• 인공지능이 사람의 말을 인식해서 말한 대로 동작하면 좋겠어요.

3.2 인공지능 살펴보기

준비물		예제 주소	 https://bit.ly/entryai103

사용가능한 명령어는 '날씨 알려줘, 날짜 알려줘' 입니다.

1단계 사용할 수 있는 명령어를 말풍선과 음성으로 안내해 줍니다.

2단계 음성으로 명령을 입력받습니다.

3단계 인공지능이 사람의 말을 인식해서 결과를 말풍선과 음성으로 안내해 줍니다.

3.3 인공지능 이해하기

엔트리에서 제공하는 학습된 인공지능을 알아봅시다.

음성 인식
마이크를 이용하여 음성을 인식하는 블록들의 모음입니다.

Powered by **NAVER CLOVA**

음성 인식 인공지능

마이크로 음성을 입력하면 음성을 인식해서 글로 바꿔 주는 인공지능입니다. 우리가 다양한 데이터를 넣어서 학습시키지 않아도 네이버에서 많은 데이터로 이미 학습을 시켜 놓았기 때문에 우리는 제공하는 블록을 사용하기만 하면 됩니다. 다음의 블록들을 활용해서 음성 인식 기능이 있는 다양한 작품을 만들 수 있습니다.

제공하는 블록

마이크가 연결되었는가? •·············• 컴퓨터에 마이크가 연결되어 있는 경우 '참'으로 판단합니다.

한국어 ▾ 음성 인식하기 •·············• 마이크에 입력되는 사람의 목소리를 문자로 변환합니다.

음성을 문자로 바꾼 값 •·············• 사람의 목소리를 문자로 바꾼 값입니다.
목소리가 입력되지 않거나, 음성 인식 도중 오류가 발생한
경우 무조건 0 값을 보여줍니다.

마이크 소리크기 •·············• 마이크에 입력되는 소리의 크기를 나타냅니다.

예제

코드

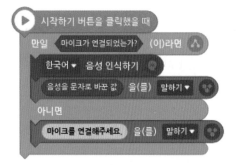

실행 결과

마이크가 연결되어 있지 않으면 마이크를 연결해
달라고 말한다.

마이크가 연결되어 있으면 음성을 인식하고 인식한
결과를 말풍선으로 보여준다.

코딩하기

사람들이 인공지능을 사용해서 문제를 쉽게 해결하도록 코딩을 해 봅시다.

STEP 1 오브젝트 준비하기

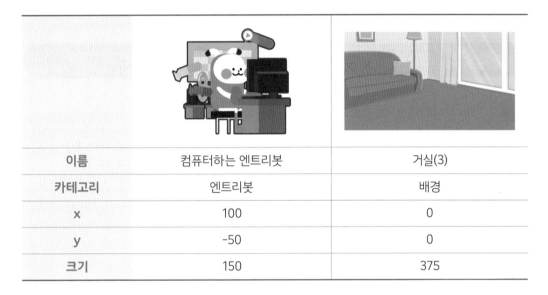

이름	컴퓨터하는 엔트리봇	거실(3)
카테고리	엔트리봇	배경
x	100	0
y	-50	0
크기	150	375

1 오브젝트 목록 창에서 ✕를 눌러 '엔트리봇' 오브젝트를 삭제하고 `+ 오브젝트 추가하기` 를 눌러
'컴퓨터하는 엔트리봇, 거실(3)' 오브젝트를 추가합니다.

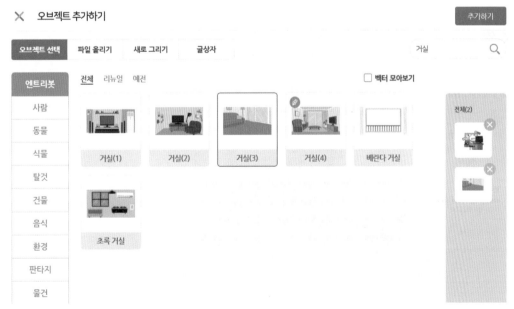

2 다음과 같이 오브젝트의 위치
와 크기를 변경합니다.

> 🔵 **TIP**
> 자세한 위치와 크기는 **[오브젝트 준비하기]**
> 를 확인합니다.

STEP 2 인공지능 블록 불러오기

1 블록 꾸러미에서 **[인공지능]** ➡ **[인공지능 블록 불**
러오기]를 순서대로 클릭합니다.

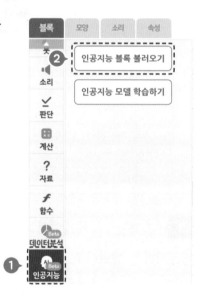

2 **[읽어주기, 음성 인식]** ➡ **[불러오기]**를 순서대로 클릭합니다.

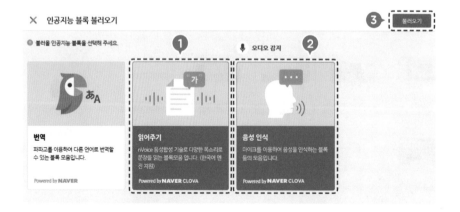

3 권한 요청 화면이 뜨면 [허용]을 클릭합니다. [차단]을 클릭하면 마이크가 동작하지 않습니다.

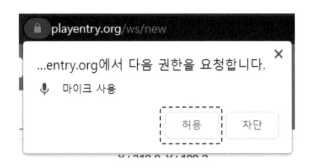

4 음성 인식, 읽어주기 인공지능 블록이 추가되었습니다.

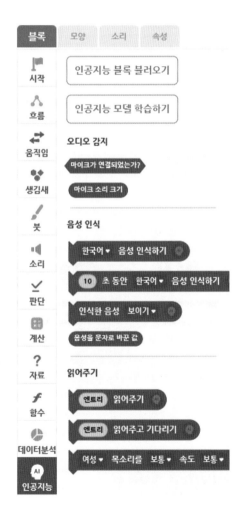

5 날씨를 알려 주는 블록을 추가해 봅시다. **[확장]** ⇒ **[확장 블록 불러오기]**를 순서대로 클릭합니다.

6 **[날씨]** ⇒ **[불러오기]**를 순서대로 클릭하면 날씨 블록이 추가됩니다.

1 명령어와 사용법을 말풍선과 음성으로 안내하도록 '컴퓨터하는 엔트리봇' 오브젝트를 클릭하고 '시작'의 ▶ 시작하기 버튼을 클릭했을 때 와 '생김새'의 안녕! 을(를) 말하기 ▼ , '인공지능'의 여성 ▼ 목소리를 보통 ▼ 속도 보통 ▼ 음높이로 설정하기 , 엔트리 읽어주고 기다리기 를 연결해서 다음과 같이 코드를 작성합니다.

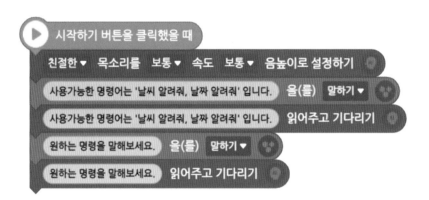

2 그런 후에 음성을 인식하고 인식한 결과를 말풍선으로 보여주도록 '인공지능'의 한국어 ▼ 음성 인식하기 , 음성을 문자로 바꾼 값 , '생김새'의 안녕! 을(를) 말하기 ▼ 를 가져와 다음과 같이 코드를 작성합니다.

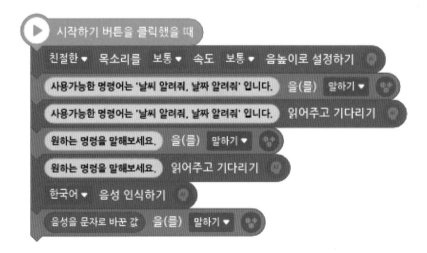

3 ▶ 시작하기 를 클릭해서 음성 인식 화면이 뜨고 제대로 음성을 인식하는지 확인해 봅시다. 실행 오류가 난다면 마이크 연결과 권한 설정을 다시 확인합니다.

4 이제 음성에 따라서 명령을 실행하게 해 봅시다. '흐름'의 [만일 참 이라면]을 연결하고 '판단'의 [10 = 10]을 [참]에 넣습니다. 왼쪽 [10]에는 '인공지능'의 [음성을 문자로 바꾼 값]을 넣고 오른쪽 [10]에는 '날씨 알려줘'를 입력합니다.

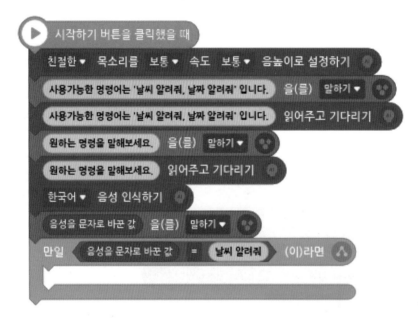

5 현재 날씨와 현재 날짜를 저장할 저장할 변수를 만들어 봅시다. **[속성]** ➡ **[변수]** ➡ **[변수 추가하기]**를 누르고 변수 이름을 각각 '현재 날씨', '현재 날짜'로 입력한 후에 **[확인]**을 누릅니다.

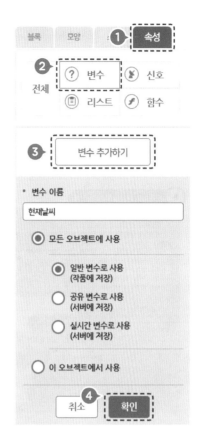

6 현재 기온을 자연스러운 말로 표현하도록 '계산'의 (안녕! 과(와) 엔트리 를 합치기)를 두 개 가져오고 '확장'의 (현재 서울▼ 전체▼ 의 기온(℃)▼)을 연결해서 다음과 같은 블록을 만듭니다.

7 '자료'의 [변수 ▼ 를 10 로 정하기 ?] 를 가져와서 '현재 날씨' 변수에 6번에서 만든 블록을 10 에 넣습니다. '생김새'의 [안녕! 을(를) 말하기 ▼], '인공지능'의 [엔트리 읽어주고 기다리기] 를 연결하고 [안녕!] 과 [엔트리] 에 [현재날씨 ▼ 값] 변숫값을 넣습니다. 이제 음성을 문자로 바꾼 값이 '날씨 알려줘'라면 현재 날씨를 저장해서 말풍선으로 보여주고 음성으로 읽어줍니다.

```
▶ 시작하기 버튼을 클릭했을 때
  친절한 ▼ 목소리를 보통 ▼ 속도 보통 ▼ 음높이로 설정하기
  사용가능한 명령어는 '날씨 알려줘, 날짜 알려줘' 입니다. 을(를) 말하기 ▼
  사용가능한 명령어는 '날씨 알려줘, 날짜 알려줘' 입니다. 읽어주고 기다리기
  원하는 명령을 말해보세요. 을(를) 말하기 ▼
  원하는 명령을 말해보세요. 읽어주고 기다리기
  한국어 ▼ 음성 인식하기
  음성을 문자로 바꾼 값 을(를) 말하기 ▼
  만일 음성을 문자로 바꾼 값 = 날씨 알려줘 (이)라면
    현재날씨 ▼ 를 현재 서울의 기온은 과(와) 현재 서울 ▼ 전체 ▼ 의 기온 ▼ 과(와) 도 입니다. 을(를)합친 값 을(를)합친 값 (으)로 정하기 ?
    현재날씨 ▼ 값 을(를) 말하기 ▼
    현재날씨 ▼ 값 읽어주고 기다리기
```

8 **4~7**번을 참고하여 '날짜 알려줘'를 말하면 '현재 날짜'에 날짜를 저장해서 말풍선으로 보여주고 음성으로 읽어주게 해 봅시다.

```
▶ 시작하기 버튼을 클릭했을 때
  친절한 ▼ 목소리를 보통 ▼ 속도 보통 ▼ 음높이로 설정하기
  사용가능한 명령어는 '날씨 알려줘, 날짜 알려줘' 입니다. 을(를) 말하기 ▼
  사용가능한 명령어는 '날씨 알려줘, 날짜 알려줘' 입니다. 읽어주고 기다리기
  원하는 명령을 말해보세요. 을(를) 말하기 ▼
  원하는 명령을 말해보세요. 읽어주고 기다리기
  한국어 ▼ 음성 인식하기
  음성을 문자로 바꾼 값 을(를) 말하기 ▼
  만일 음성을 문자로 바꾼 값 = 날씨 알려줘 (이)라면
    현재날씨 ▼ 를 현재 서울의 기온은 과(와) 현재 서울 ▼ 전체 ▼ 의 기온 ▼ 과(와) 도 입니다. 을(를)합친 값 을(를)합친 값 (으)로 정하기 ?
    현재날씨 ▼ 값 을(를) 말하기 ▼
    현재날씨 ▼ 값 읽어주고 기다리기
  만일 음성을 문자로 바꾼 값 = 날짜 알려줘 (이)라면
    현재날짜 ▼ 를 현재 월 ▼ 과(와) 월 과(와) 현재 일 ▼ 과(와) 일 입니다. 을(를)합친 값 을(를)합친 값 을(를)합친 값 (으)로 정하기 ?
    현재날짜 ▼ 값 을(를) 말하기 ▼
    현재날짜 ▼ 값 읽어주고 기다리기
```

9 음성을 계속 인식하고 동작하게 하도록 '흐름'의 [계속 반복하기]를 가져와서 다음과 같이 코드를 작성합니다.

```
시작하기 버튼을 클릭했을 때
친절한▼ 목소리를 보통▼ 속도 보통▼ 음높이로 설정하기
사용가능한 명령어는 '날씨 알려줘, 날짜 알려줘' 입니다. 을(를) 말하기▼
사용가능한 명령어는 '날씨 알려줘, 날짜 알려줘' 입니다. 읽어주고 기다리기
계속 반복하기
    원하는 명령을 말해보세요. 을(를) 말하기▼
    원하는 명령을 말해보세요. 읽어주고 기다리기
    한국어▼ 음성 인식하기
    음성을 문자로 바꾼 값 을(를) 말하기▼
    만일 음성을 문자로 바꾼 값 = 날씨 알려줘 (이)라면
        현재날씨▼ 를 현재 서울의 기온은 과(와) 현재 서울▼ 전체▼ 의 기온▼ 과(와) 도 입니다. 을(를) 합친 값 을(를) 합친 값 (으)로 정하기
        현재날씨▼ 값 을(를) 말하기▼
        현재날씨▼ 값 읽어주고 기다리기
    만일 음성을 문자로 바꾼 값 = 날짜 알려줘 (이)라면
        현재날짜▼ 를 현재 월▼ 과(와) 월 과(와) 현재 일▼ 과(와) 일 입니다. 을(를) 합친 값 을(를) 합친 값 을(를) 합친 값 (으)로 정하기
        현재날짜▼ 값 을(를) 말하기▼
        현재날짜▼ 값 읽어주고 기다리기
```

10 마지막으로 '자료'의 [변수 변수▼ 숨기기]를 가져와서 실행 화면에 변수 창이 뜨지 않게 만듭니다.

```
시작하기 버튼을 클릭했을 때
변수 현재날씨▼ 숨기기
변수 현재날짜▼ 숨기기
친절한▼ 목소리를 보통▼ 속도 보통▼ 음높이로 설정하기
사용가능한 명령어는 '날씨 알려줘, 날짜 알려줘' 입니다. 을(를) 말하기▼
사용가능한 명령어는 '날씨 알려줘, 날짜 알려줘' 입니다. 읽어주고 기다리기
계속 반복하기
    원하는 명령을 말해보세요. 을(를) 말하기▼
    원하는 명령을 말해보세요. 읽어주고 기다리기
    한국어▼ 음성 인식하기
    음성을 문자로 바꾼 값 을(를) 말하기▼
    만일 음성을 문자로 바꾼 값 = 날씨 알려줘 (이)라면
        현재날씨▼ 를 현재 서울의 기온은 과(와) 현재 서울▼ 전체▼ 의 기온▼ 과(와) 도 입니다. 을(를) 합친 값 을(를) 합친 값 (으)로 정하기
        현재날씨▼ 값 을(를) 말하기▼
        현재날씨▼ 값 읽어주고 기다리기
    만일 음성을 문자로 바꾼 값 = 날짜 알려줘 (이)라면
        현재날짜▼ 를 현재 월▼ 과(와) 월 과(와) 현재 일▼ 과(와) 일 입니다. 을(를) 합친 값 을(를) 합친 값 을(를) 합친 값 (으)로 정하기
        현재날짜▼ 값 을(를) 말하기▼
        현재날짜▼ 값 읽어주고 기다리기
```

11  를 누르고 말을 하면 인공지능이 사람의 말을 인식해서 결과를 말풍선과 음성으로 안내해 줍니다.

- 다른 사람이 학습시켜 놓은 인공지능을 활용할 수 있다는 것을 배웠습니다.
- 여러 가지 인공지능을 같이 활용할 수 있다는 것을 배웠습니다.
- 음성 인식, 읽어주기 인공지능을 활용해서 작품을 만들었습니다.

 더 나아가기

- 마이크 연결이 되어 있을 때만 동작하게 해 봅시다.
- 시간을 알려 달라고 말하면 시간을 말해 주게 해 봅시다.

얼굴 인식 인공지능 만들기

4.1 문 제 살 펴 보 기

발견한 문제	• 사진에서 초상권 동의를 받지 않은 사람들의 얼굴을 가리고 싶어요. • 일일이 하나씩 얼굴을 가리니까 불편해요.
인공지능으로 해결하기	• 얼굴의 위치를 인식할 수 있는 인공지능이 있으면 좋겠어요.

4.2 인 공 지 능 살 펴 보 기

준비물		예제 주소	

https://bit.ly/entryai104

성별 : 남성

나이 : 19

감정 : 놀람

1단계 얼굴 위치에 눈, 코, 입 스티커가 자동으로 붙여집니다. 성별, 나이, 감정도 자동으로 보입니다

인공지능 이해하기

엔트리에서 제공하는 학습된 인공지능을 알아봅시다.

얼굴 인식

카메라를 이용하여 얼굴을 인식하는 블록들의 모음입니다.

얼굴 인식 인공지능

카메라로 얼굴을 인식해서 위치와 감정 등을 알려 주는 인공지능입니다. 우리가 다양한 데이터를 넣어서 학습시키지 않아도 네이버에서 많은 데이터로 이미 학습을 시켜 놓았기 때문에 우리는 제공하는 블록을 사용하기만 하면 됩니다. 아래의 블록들을 활용해서 사람과 사물을 인식하는 다양한 작품을 만들 수 있습니다.

제공하는 블록

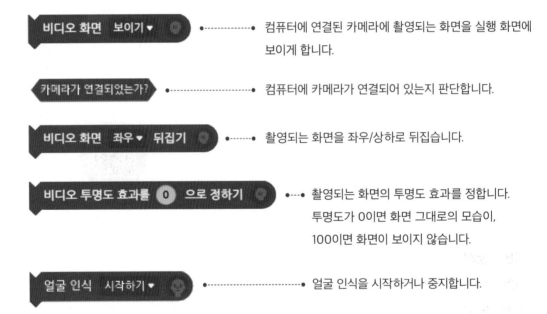

비디오 화면 보이기 ▼ ········· 컴퓨터에 연결된 카메라에 촬영되는 화면을 실행 화면에 보이게 합니다.

카메라가 연결되었는가? ········· 컴퓨터에 카메라가 연결되어 있는지 판단합니다.

비디오 화면 좌우 ▼ 뒤집기 ········· 촬영되는 화면을 좌우/상하로 뒤집습니다.

비디오 투명도 효과를 0 으로 정하기 ····· 촬영되는 화면의 투명도 효과를 정합니다. 투명도가 0이면 화면 그대로의 모습이, 100이면 화면이 보이지 않습니다.

얼굴 인식 시작하기 ▼ ········· 얼굴 인식을 시작하거나 중지합니다.

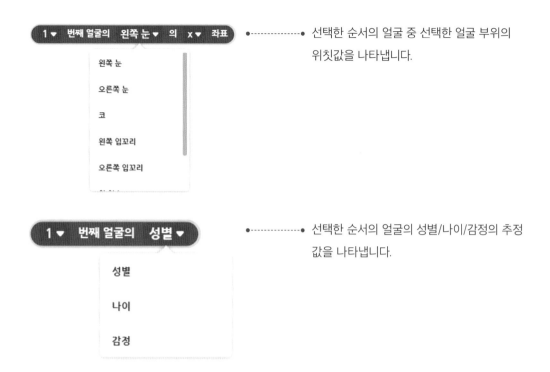

선택한 순서의 얼굴 중 선택한 얼굴 부위의
위칫값을 나타냅니다.

선택한 순서의 얼굴의 성별/나이/감정의 추정
값을 나타냅니다.

예제

코드

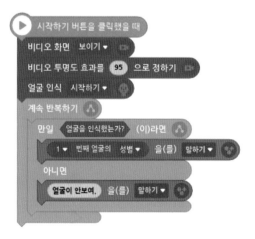

실행 결과

사람의 얼굴을 인식하지 못하면 '얼굴이 안보여'라고
말하다가 얼굴을 인식하면 인식한 얼굴의 성별인
'남성'을 말한다.

4.4 코딩하기

사람들이 인공지능을 사용해서 문제를 쉽게 해결하도록 코딩을 해 봅시다.

이름	코	입	신호	신호1	성별	나이	감정
	<	⌣	●	●	A	A	A
카테고리	사람	사람	물건	물건	글상자	글상자	글상자
x	0	0	0	0	-230	-230	-230
y	0	0	0	0	105	65	25
크기	20	50	30	30	30	30	30

1 오브젝트 목록 창에서 ✕를 눌러 '엔트리봇' 오브젝트를 삭제하고 ⌈ + 오브젝트 추가하기 ⌉를 눌러 '코, 입, 신호' 오브젝트를 추가합니다. 신호 오브젝트는 하나 더 선택해서 2개를 추가합니다.

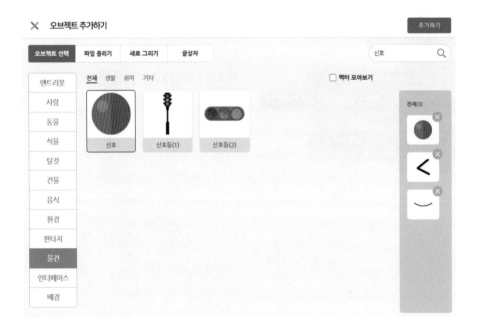

2 `+ 오브젝트 추가하기` 를 한 번 더 누르고 **[글상자]**를 클릭한 후에 '나이'를 입력합니다. 글 씨의 색상, 글꼴, 배경은 원하는 대로 수정하고 나서 **[추가하기]**를 누릅니다. 같은 방식 대로 '성별', '감정' 글상자도 추가합니다.

3 다음과 같이 오브젝트의 위치 와 크기를 변경합니다.

성별

나이

감정

TIP
자세한 위치와 크기는 **[오브젝트 준비하기]** 를 확인합니다.

STEP 2 인공지능 블록 불러오기

1 블록 꾸러미에서 **[인공지능]** ➡ **[인공지능 블록 불러오기]**를 순서대로 클릭합니다.

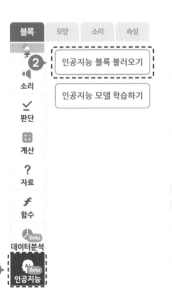

2 [얼굴 인식] ➡ [불러오기]를 순서대로 클릭합니다.

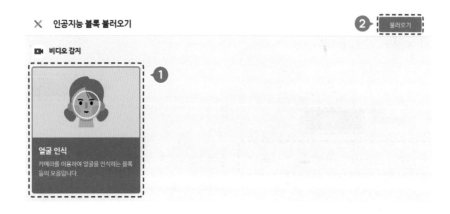

3 권한 요청 화면이 뜨면 [허용]을 클릭합니다. [차단]을 클릭하면 카메라가 동작하지 않습니다.

4 얼굴 인식 인공지능 블록이 추가되었습니다.

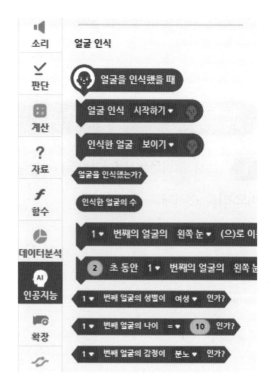

1 비디오 화면을 켜고 얼굴 인식을 할 수 있도록 코딩을 시작해 보겠습니다. '신호' 오브젝트를 클릭하고 '시작'의 `시작하기 버튼을 클릭했을 때` 와 '인공지능'의 `비디오 화면 보이기 ▼`, `비디오 투명도 효과를 0 으로 정하기`, `얼굴 인식 시작하기 ▼`를 연결합니다. 투명도 효과는 0~100 사이에서 자유롭게 값을 선택합니다.

2 '신호' 오브젝트는 왼쪽 눈을 따라다니며 꾸며 주는 역할을 할 것입니다. 오브젝트가 왼쪽 눈의 위치를 찾아서 이동하도록 '시작'의 `시작하기 버튼을 클릭했을 때` 에 '흐름'의 `계속 반복하기` 를 연결하고, 그리고 그 안에 '움직임'의 `x: 10 위치로 이동하기`, `y: 10 위치로 이동하기`를 넣습니다. x의 `10` 에는 `1 ▼ 번째 얼굴의 왼쪽 눈 ▼ 의 x ▼ 좌표`, y의 `10` 에는 `1 ▼ 번째 얼굴의 왼쪽 눈 ▼ 의 y ▼ 좌표`를 넣습니다.

3 '신호1' 오브젝트는 오른쪽 눈을 따라다니며 꾸며 주는 역할을 할 것입니다. 2번을 참고해서 '신호1' 오브젝트를 누르고 다음과 같이 코드를 작성합니다.

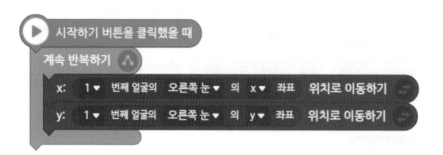

4 '코' 오브젝트는 코를 따라다니며 꾸며 주는 역할을 할 것입니다. 2번을 참고해서 '코' 오브젝트를 누르고 다음과 같이 코드를 작성합니다.

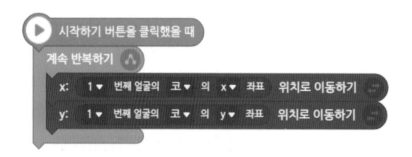

5 '입' 오브젝트는 입을 따라다니며 꾸며주는 역할을 할 것입니다. 2번을 참고해서 '입' 오브젝트를 누르고 다음과 같이 코드를 작성합니다.

6 ▶시작하기 를 클릭해서 얼굴을 인식하는지 확인해 봅시다. '코', '입' 오브젝트를 누르고 [모양] 탭을 누르면 원하는 코와 입 모양으로도 바꿀 수 있습니다.

성별
나이
감정

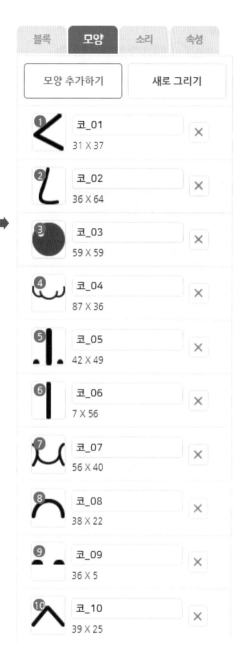

7 '이제 인식한 얼굴의 성별을 글상자로 보여주게 해 봅시다. '성별' 글상자를 클릭하고 '시작'의 [▶ 시작하기 버튼을 클릭했을 때] 에 '흐름'의 [계속 반복하기 △] 를 연결하고 그 안에 '글상자'의 [엔트리 라고 글쓰기 カ] 를 넣습니다. [엔트리] 에 '계산'의 [안녕! 과(와) 엔트리 를 합치기] 를 넣고 [안녕!] 에는 '성별: '을 입력합니다. [엔트리] 에는 '인공지능'의 [1 ▼ 번째 얼굴의 성별 ▼] 을 넣습니다.

```
▶ 시작하기 버튼을 클릭했을 때
계속 반복하기 △
    성별: 과(와) 1 ▼ 번째 얼굴의 성별 ▼ 를 합치기 라고 글쓰기 カ
```

8 인식한 얼굴의 나이를 보여주도록 7번을 참고해서 '나이' 글상자를 누르고 다음과 같이 코드를 작성합니다.

```
▶ 시작하기 버튼을 클릭했을 때
계속 반복하기 △
    나이: 과(와) 1 ▼ 번째 얼굴의 나이 ▼ 를 합치기 라고 글쓰기 カ
```

9 인식한 얼굴의 감정을 보여주도록 7번을 참고해서 '감정' 글상자를 누르고 다음과 같이 코드를 작성합니다.

```
▶ 시작하기 버튼을 클릭했을 때
계속 반복하기 △
    감정: 과(와) 1 ▼ 번째 얼굴의 감정 ▼ 를 합치기 라고 글쓰기 カ
```

10 ▶ 시작하기 를 누르고 얼굴을 카메라 화면에 보여주면 인공지능이 얼굴을 인식해서 그 결과물을 보여줍니다.

성별 : 남성
나이 : 19
감정 : 놀람

4.5 정리하기

- 다른 사람이 학습시켜 놓은 인공지능을 활용할 수 있다는 것을 배웠습니다.
- 얼굴 인식 인공지능을 활용해서 작품을 만들었습니다.

 더 나아가기

- 스페이스키를 누르면 눈, 코, 입 모양이 바뀌게 해 봅시다.
- 글상자를 하나 더 만들고 나이가 10살 이상이면 '입장 가능합니다.'를, 아니면 '입장 불가' 라고 쓰게 해 봅시다.

활용 5 사물 인식 인공지능 만들기

5.1 문 제 살 펴 보 기

발견한 문제	• 눈이 보이지 않는 친구가 앞에 무엇이 있는지 몰라서 다칠 때가 많이 있어요.
인공지능으로 해결하기	• 앞에 어떤 물건이 있는지 알려 주는 인공지능이 있으면 좋겠어요.

5.2 인 공 지 능 살 펴 보 기

준비물		예제 주소	https://bit.ly/entryai105

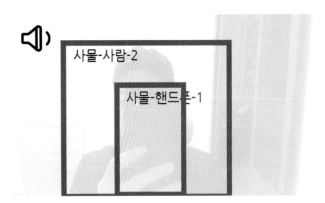

1단계 사람, 핸드폰, 책을 인식해서 앞에 어떤 사물이 있는지를 음성으로 설명해 줍니다.

엔트리에서 제공하는 학습된 인공지능을 알아봅시다.

사물 인식

카메라를 이용하여 사물을 인식하는 블록들의 모음입니다.

사물 인식 인공지능

카메라로 사물을 인식해서 이름과 개수 등을 알려 주는 인공지능입니다. 우리가 다양한 데이터를 넣어서 학습시키지 않아도 네이버에서 많은 데이터로 이미 학습을 시켜 놓았기 때문에 우리는 제공하는 블록을 사용하기만 하면 됩니다. 아래의 블록들을 활용해서 사람과 사물을 인식하는 다양한 작품을 만들 수 있습니다.

제공하는 블록

| 사물 인식 시작하기 ▼ | 사물 인식을 시작하거나 중지합니다. |

| 인식한 사물 보이기 ▼ | 인식한 사물의 위치와 순서를 보이게 하거나 숨깁니다. |

| 인식한 사물의 수 | 인식된 사물의 개수를 나타냅니다. |

| 사물 중 사람 ▼ (이)가 인식되었는가? | 선택한 사물이 인식되었는지를 판단합니다. |

예제

코드

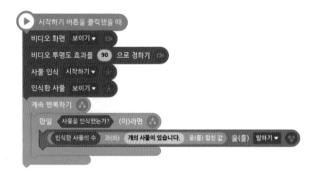

실행 결과

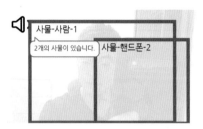

사물을 인식해서 비디오 화면에서
인식된 사물을 보여주고, 인식된 사물이
몇 개인지 말풍선으로 보여준다.

코 딩 하 기

사람들이 인공지능을 사용해서 문제를 쉽게 해결하도록 코딩을 해 봅시다.

STEP 1 오브젝트 준비하기

	🔊
이름	스피커(1)
카테고리	인터페이스
x	-200
y	100
크기	50

1 오브젝트 목록 창에서 ✕ 를 눌러 '엔트리봇' 오브젝트를 삭제하고 `+ 오브젝트 추가하기` 를 눌러 '스피커⑴' 오브젝트를 추가합니다.

2 다음과 같이 오브젝트의 위치 와 크기를 변경합니다.

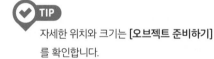
자세한 위치와 크기는 **[오브젝트 준비하기]** 를 확인합니다.

인공지능 블록 불러오기

1 블록 꾸러미에서 [인공지능] ➡ [인공지능 블록 불러오기]를 순서대로 클릭합니다.

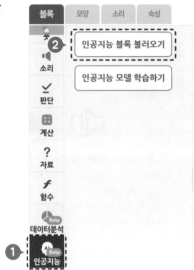

2 [읽어주기, 사물 인식] ➡ [불러오기]를 순서대로 클릭합니다.

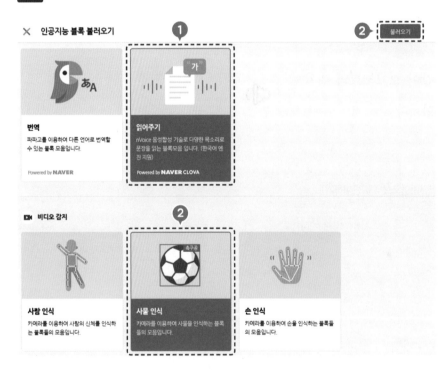

3 권한 요청 화면이 뜨면 [허용]을 클릭합니다. [차단]을 클릭하면 카메라가 동작하지 않습니다.

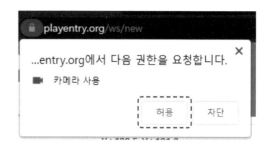

4 사물 인식, 읽어주기 인공지능 블록이 추가되었습니다.

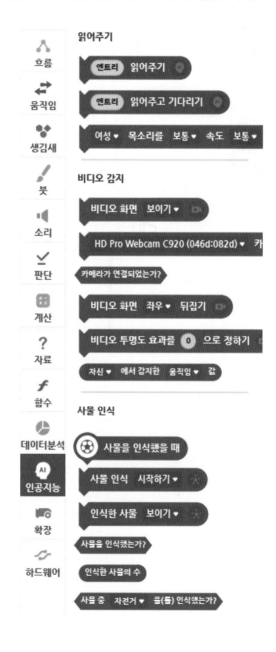

1 비디오 화면을 켜고 사물 인식을 할 수 있도록 코딩해 보겠습니다. '스피커(1)' 오브젝트를 클릭하고 '시작'의 시작하기 버튼을 클릭했을 때 와 '인공지능'의 비디오 화면 보이기▼ , 비디오 투명도 효과를 0 으로 정하기 , 사물 인식 시작하기▼ , 인식한 사물 보이기▼ 를 연결합니다. 투명도 효과는 0~100 사이에서 자유롭게 값을 선택합니다.

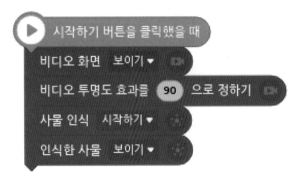

2 ▶시작하기 를 클릭하고 다양한 사물을 카메라 앞에 가져와서 사물을 인식하는지 확인해 봅시다. 1번의 코드는 사람도 사물로 인식합니다.

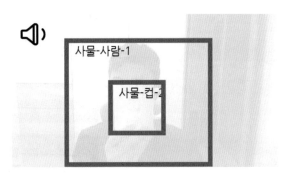

3 특정 사물이 인식되면 음성으로 사물이 앞에 있다고 말하게 해 봅시다. '흐름'의 `계속 반복하기`, `만일 참 이라면` 을 가져옵니다. 그런 후에 `참` 에는 '인공지능'의 `사물 중 사람 ▼ (이)가 인식되었는가?` 를 넣고, `엔트리 읽어주고 기다리기` 를 `만일 참 이라면` 안에 넣고 `엔트리` 에 '사람이 앞에 있습니다.'를 입력합니다.

```
시작하기 버튼을 클릭했을 때
비디오 화면  보이기 ▼
비디오 투명도 효과를  90  으로 정하기
사물 인식  시작하기 ▼
인식한 사물  보이기 ▼
계속 반복하기
   만일  < 사물 중  사람 ▼  을(를) 인식했는가? >  (이)라면
      사람이 앞에 있습니다.  읽어주고 기다리기
```

4 핸드폰, 책도 인식하도록 **3**번을 참고해서 다음과 같이 코드를 작성합니다.

```
시작하기 버튼을 클릭했을 때
비디오 화면  보이기 ▼
비디오 투명도 효과를  90  으로 정하기
사물 인식  시작하기 ▼
인식한 사물  보이기 ▼
계속 반복하기
   만일  < 사물 중  사람 ▼  을(를) 인식했는가? >  (이)라면
      사람이 앞에 있습니다.  읽어주고 기다리기
   만일  < 사물 중  핸드폰 ▼  을(를) 인식했는가? >  (이)라면
      핸드폰이 앞에 있습니다.  읽어주고 기다리기
   만일  < 사물 중  책 ▼  을(를) 인식했는가? >  (이)라면
      책이 앞에 있습니다.  읽어주고 기다리기
```

5  를 누르고 사물을 카메라 화면에 보여주면 인공지능이 사물을 인식해서 결과를 음성으로 말해 줍니다.

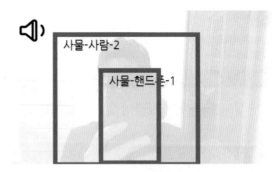

5.5 정 리 하 기

- 다른 사람이 학습시켜 놓은 인공지능을 활용할 수 있다는 것을 배웠습니다.
- 여러 가지 인공지능을 같이 활용할 수 있다는 것을 배웠습니다.
- 사물 인식, 읽어주기 인공지능을 활용해서 작품을 만들었습니다.

💡 더 나아가기

- 다양한 사물을 더 인식하고 말하게 해 봅시다.
- 사물이 인식되지 않으면 인식되지 않는다고 말하게 해 봅시다.

CHAPTER

4

인공지능 학습하기

학습 1 동물 사진을 구분하는 인공지능 만들기

1.1 문제 살펴보기

발견한 문제	• 이 동물의 이름은 무엇일까요? • 사진을 보고 어떤 동물인지 알 수 있으면 좋겠어요.
인공지능으로 해결하기	• 동물 사진을 보여주면 어떤 동물인지 알려 주려고 해요.

1.2 인공지능 살펴보기

준비물		예제 주소	

https://bit.ly/entryai201

난 동물박사야. 사진을 주면 어떤 동물인지 알려줄게!

1단계 동물 사진을 주면 어떤 동물인지 알려 준다고 안내합니다.

2단계 데이터 입력 창이 뜨면 **[업로드]**를 클릭해서 컴퓨터에서 강아지와 고양이 사진 중 하나를 선택합니다. 적용하기 버튼을 클릭해서 사진 데이터를 입력합니다. (구글이나 네이버를 통해 강아지, 고양이 사진을 미리 다운로드해 둡니다)

3단계 업로드한 사진이 강아지인지 고양이인지 분류해 주고 울음소리와 함께 말풍선으로 보여줍니다.

인공지능을 어떻게 만들 수 있을지 먼저 생각해 봅시다.

1 이 인공지능을 만들기 위해서는 어떤 데이터가 필요할까요?

(필요한 데이터에 동그라미를 그려 보세요)

| 사진(그림) | 글 | 숫자 | 소리(음성) |

2 이 인공지능을 만들기 위해서는 어떤 모델을 선택해야 할까요?

(필요한 모델에 동그라미를 그려 보세요)

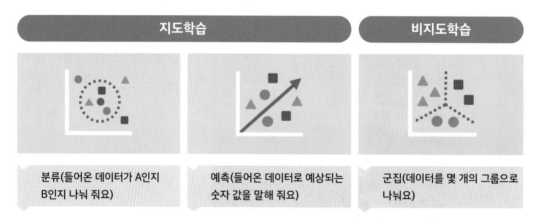

| 지도학습 | | 비지도학습 |

분류(들어온 데이터가 A인지 B인지 나눠 줘요) · 예측(들어온 데이터로 예상되는 숫자 값을 말해 줘요) · 군집(데이터를 몇 개의 그룹으로 나눠요)

3 이 인공지능을 만들 때 필요한 클래스는 어떤 것이 있을까요?

(   ), (   )

4 이 인공지능을 만들기 위한 데이터는 어떻게 수집할 수 있을까요?

(원하는 방법에 동그라미를 그려 보세요)

| 데이터를 손으로 입력해요. | 데이터를 외부 장치 (카메라, 마이크)를 통해 입력해요. | 인터넷에서 데이터를 찾아서 받아요. | 또 다른 방법은? |

1.4 모델 만들기

생각해 보기를 바탕으로 데이터를 입력하고 모델에 학습을 시켜 봅시다.

STEP 1 모델 선택하기

1 엔트리 만들기 화면에 접속한 후 **[인공지능]** ➡
[인공지능 모델 학습하기]를 클릭합니다.

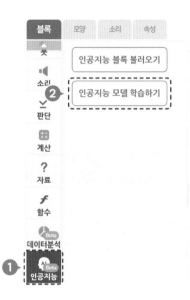

2 학습할 모델 선택하기 창에서 **[분류:이미지]**를 선택하고 **[학습하기]**를 클릭합니다.

3   모델 이름을 '동물 사진 분류'로 정합니다. 데이터 입력에서 '클래스1, 2'를 각각 '강아지', '고양이'로 변경합니다.

STEP 2   데이터 입력하기

- 이 예제에서는 데이터를 인터넷에서 다운로드한 사진 데이터를 통해 입력합니다.
- 외부 장치(카메라)를 사용해서 데이터를 입력하고 학습시킬 수도 있습니다.

1   구글이나 네이버에 접속해서 '강아지', '고양이'를 검색하고 강아지와 고양이 사진을 다운로드하여 저장합니다. 학습 이미지 링크(https://bit.ly/jpubimage123)에 접속해서 예제 사진을 다운로드할 수 있습니다.

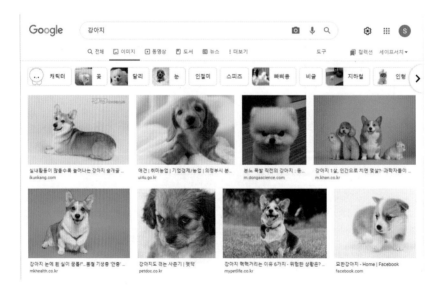

2 '강아지' 클래스를 선택하고 **[파일 올리기]**를 클릭합니다.

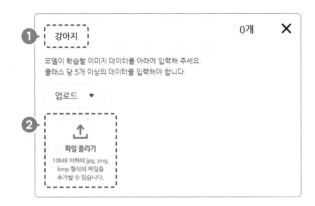

3 강아지 사진을 선택하고 **[열기]**를 클릭합니다. `Ctrl` 키로 여러 개의 강아지 사진을 동시에 선택해서 업로드할 수 있습니다.

4 엔트리에서는 최소 5개 이상의 데이터를 업로드해야 학습을 시킬 수 있습니다. 데이터가 많으면 많을수록 더 정확해지기 때문에 20개 이상의 강아지 사진을 다운로드해서 업로드합니다.

> **TIP**
> 다양한 색상과 종류의 강아지 사진 데이터를 넣으면 인공지능이 더 정확하게 강아지로 분류할 수 있습니다.

5 2~4번을 참고해서 고양이 클래스에도 고양이 사진을 20개 이상 업로드합니다.

6 고양이 클래스인데 강아지 사진이 들어 있는 것과 같이 잘못된 데이터가 들어 있는지 확인하고 잘못된 데이터는 ✕ 버튼을 눌러서 삭제해 줍니다.

1 [모델 학습하기] 버튼을 누르면 학습이 시작됩니다. '학습을 완료했습니다.'가 나오면 학습이 끝난 것입니다.

 TIP
인공지능이 학습하는 동안 창을 그대로 두고 다른 작업을 하지 마세요. 다른 작업을 하면 학습하는 시간이 길어집니다.

2 인공지능이 잘 학습했는지 확인해 봅시다. 결과에서 **[파일 올리기]**를 클릭해서 고양이나 강아지 사진을 업로드해 봅니다. 이때 업로드하는 사진은 학습할 때 사용한 사진이 아닌 새로운 사진을 넣어야 합니다. 학습한 사진은 우리가 이미 '이 사진은 강아지야', '이 사진은 고양이야'처럼 정답을 가르쳐 주었기 때문에 새로운 사진을 넣어야 인공지능이 새로운 데이터를 잘 분류하는지 확인할 수 있습니다.

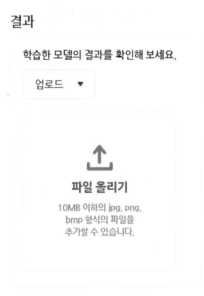

결과

학습한 모델의 결과를 확인해 보세요.

업로드 ▼

↑
파일 올리기
10MB 이하의 jpg, png,
bmp 형식의 파일을
추가할 수 있습니다.

3 인터넷에서 새로 다운로드한 강아지 사진을 업로드했는데 '고양이'로 인식했습니다. 학습시킨 강아지 사진의 귀는 대부분 둥그렇고 쳐진 모양인데, 업로드한 사진의 귀는 고양이와 비슷하게 생겨서 그렇게 판단한 것 같습니다. 이렇게 몇 개의 데이터를 넣어서 제대로 구분하는지 보고 잘 구분하지 못하면 원인을 파악하고 데이터를 더 입력해서 학습을 시켜야 합니다. 인공지능은 우리가 입력한 데이터로만 학습하기 때문에 이런 예외의 경우를 생각해서 다양한 데이터를 입력해 주는 것이 좋습니다.

4 데이터 입력에서 '강아지'를 클릭하고 다양한 다양한 사진을 추가로 입력하고, 다시 [모델 학습하기]를 클릭해서 학습을 시킵니다.

5 데이터를 더 넣고 학습을 시킨 후에 새로운 데이터를 넣으니 강아지로 잘 분류하는 것을 볼 수 있습니다. 학습을 시킨 후에는 이렇게 다양한 데이터를 넣어서 문제가 없는지 확인하고, 문제가 있다면 데이터를 추가로 넣어서 학습을 시켜야 합니다. 충분히 학습시켰다고 생각되면 적용하기 를 누릅니다.

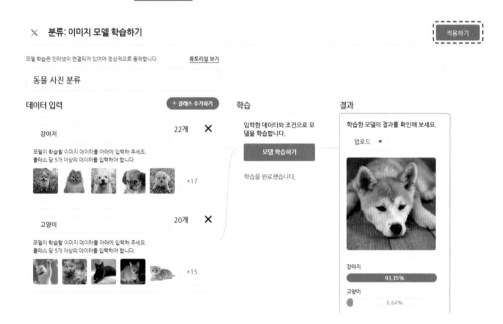

6 [인공지능] 카테고리에 내가 직접 학습 시킨 인공지능 블록이 생기게 됩니다. 이 블록을 활용해서 나만의 인공지능 작품을 만들 수 있습니다.

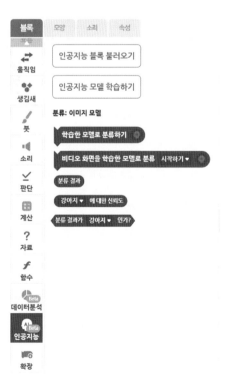

| 학습한 모델로 분류하기 | •·············• | 데이터를 입력받은 후에 학습한 모델로 데이터를 인식(분류)합니다. |

| 분류 결과 | •·············• | 입력한 데이터를 모델에서 인식한 결괏값을 나타냅니다. |

| 분류 결과가 강아지 ▼ 인가? | •·············• | 입력한 데이터의 인식 결과가 선택한 클래스인 경우 '참'으로 판단합니다. |

1.5 코딩하기

사람들이 인공지능을 사용해서 문제를 쉽게 해결하도록 코딩을 해 봅시다.

STEP 1 오브젝트 준비하기

이름	중절모를 쓴 사람(2)	방(2)
카테고리	사람	배경
x	0	0
y	-60	0
크기	100	375

1 오브젝트 목록 창에서 ✕를 눌러 '엔트리봇' 오브젝트를 삭제하고 + 오브젝트 추가하기 를 눌러 '중절모를 쓴 사람(2), 방(2)' 오브젝트를 추가합니다.

2 다음과 같이 오브젝트의 위치 와 크기를 변경합니다.

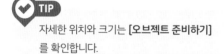
TIP
자세한 위치와 크기는 [오브젝트 준비하기] 를 확인합니다.

1 '중절모를 쓴 사람(2)' 오브젝트를 클릭하고 '시작'의 ▶ 시작하기 버튼을 클릭했을 때 아래에 '생김새'의 안녕! 을(를) 4 초 동안 말하기 ▼ , '인공지능'의 학습한 모델로 분류하기 를 연결하고 다음과 같이 코드를 작성합니다. ▶ 시작하기 를 누르면 말을 하고 데이터를 입력받는 것을 확인할 수 있습니다.

2 사진 데이터를 입력받은 후 그 데이터가 '강아지'로 분류되면 특정 행동을 하도록 '흐름'에서 만일 참 이라면 을 가져와 연결하고, 참 에 '인공지능'에서 분류 결과가 강아지 ▼ 인가? 를 넣습니다.

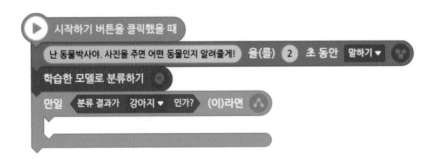

3 [소리] 탭에서 [소리 추가하기]를 누르고 '강아지 짖는 소리', '고양이 울음 소리'를 선택한 후에 [추가하기]를 눌러 소리를 추가합니다.

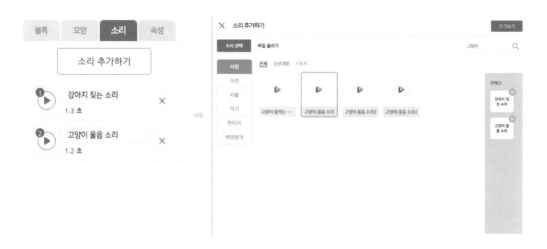

4 강아지로 분류될 때 울음 소리를 재생하고 말풍선으로 알려 주도록 '소리'의 `소리 강아지 짖는소리 ▾ 재생하기`, '생김새'의 `안녕! 을(를) 4 초 동안 말하기 ▾`를 가져와 `만일 참 이라면` 안에 넣고 다음과 같이 코드를 작성합니다.

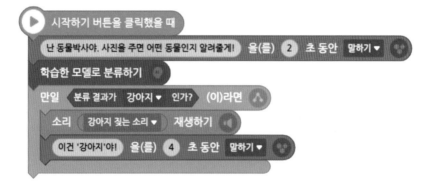

5 2~4번을 참고하여 고양이로 분류되었을 때의 코드도 다음과 같이 작성합니다.

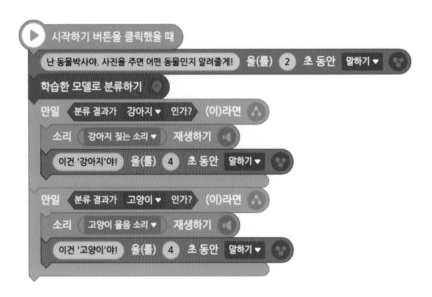

6 계속 반복해서 데이터를 입력받고 결과를 보여주도록 '흐름'의 계속 반복하기 를
가져와서 다음과 같이 코드를 작성합니다.

7  를 눌러서 새로운
고양이와 강아지 사진을 업로드하면
구분해 주는 것을 볼 수 있습니다.

1.6 정리하기

- 사진 데이터로 분류를 해 주는 인공지능을 만들어 보았습니다.
- 사진 데이터를 업로드해서 입력할 수 있다는 것을 배웠습니다.
- 데이터를 입력할 때 예외의 경우를 생각해서 다양한 데이터를 입력해야 한다는 것을 배웠습니다.

더 나아가기

- 강아지, 고양이 외에도 다른 동물을 구분할 수 있게 해 봅시다.

학습 2 마스크 착용을 확인하는 인공지능 만들기

2.1 문제 살펴보기

발견한 문제	• 마스크를 착용한 사람만 입장하게 하려고 사람이 일일이 마스크를 썼는지 확인하고 들어갈 수 있게 하고 있어요.
인공지능으로 해결하기	• 마스크를 제대로 착용한 사람만 건물에 들어갈 수 있게 하려고 해요.

2.2 인공지능 살펴보기

준비물		예제 주소	https://bit.ly/entryai202

가까이 와주세요.

1단계 가까이 와달라고 말풍선과 음성으로 안내합니다.

2단계 마스크를 쓰지 않았으면 마스크를 쓰라고 말풍선과 음성으로 안내합니다. 마스크를 턱에 걸치고 있으면 제대로 쓰라고 안내합니다.

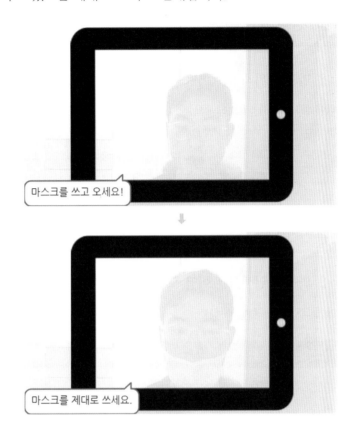

3단계 마스크를 제대로 쓴 경우에는 입장하라는 말풍선과 음성이 나옵니다.

2.3 생각해 보기

인공지능을 어떻게 만들 수 있을지 먼저 생각해 봅시다.

1 이 인공지능을 만들기 위해서는 어떤 데이터가 필요할까요?

(필요한 데이터에 동그라미를 그려 보세요)

| 사진(그림) | 글 | 숫자 | 소리(음성) |

2 이 인공지능을 만들기 위해서는 어떤 모델을 선택해야 할까요?

(필요한 모델에 동그라미를 그려 보세요)

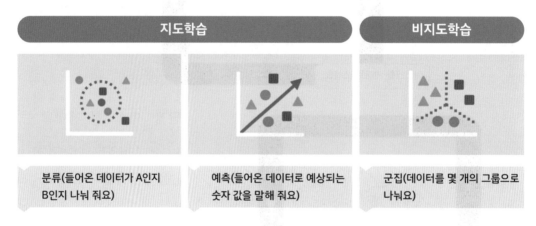

| 지도학습 | | 비지도학습 |

분류(들어온 데이터가 A인지 B인지 나눠 줘요)   예측(들어온 데이터로 예상되는 숫자 값을 말해 줘요)   군집(데이터를 몇 개의 그룹으로 나눠요)

3 이 인공지능을 만들 때 필요한 클래스는 어떤 것이 있을까요?

(   ), (   ), (   )

4 이 인공지능을 만들기 위한 데이터는 어떻게 수집할 수 있을까요?

(원하는 방법에 동그라미를 그려 보세요)

데이터를 손으로 입력해요.   데이터를 외부 장치 (카메라, 마이크)를 통해 입력해요.   인터넷에서 데이터를 찾아서 받아요.   또 다른 방법은?

2.4 모델 만들기

생각해 보기를 바탕으로 데이터를 입력하고 모델에 학습을 시켜 봅시다.

STEP 1 모델 선택하기

1 엔트리 만들기 화면에 접속한 후 [인공지능] ➡ [인공지능 모델 학습하기]를 클릭합니다.

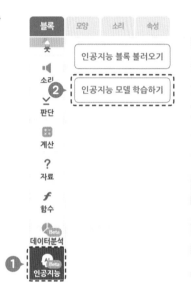

2 학습할 모델 선택하기 창에서 [분류:이미지]를 선택하고 [학습하기]를 클릭합니다.

3 모델 이름을 '마스크 착용 판단 인공지능'으로 정합니다. **[+클래스 추가하기]**를 누르고 데이터 입력에서 '클래스1, 2, 3'을 각각 '마스크 착용함', '마스크 착용하지 않음', '제대로 착용하지 않음'으로 변경합니다.

STEP 2　데이터 입력하기

- 이 예제에서는 데이터를 외부 장치(카메라)를 통해 입력합니다.

- 카메라가 없다면 인터넷에서 마스크 착용 사진 데이터를 찾아 다운로드하여 학습시킬 수 있습니다.

1 '마스크 착용함' 클래스를 선택하고 **[업로드]**를 **[촬영]**으로 바꿉니다.

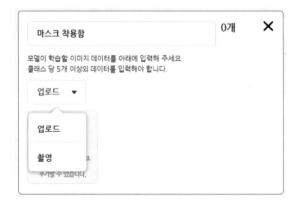

2 카메라 버튼(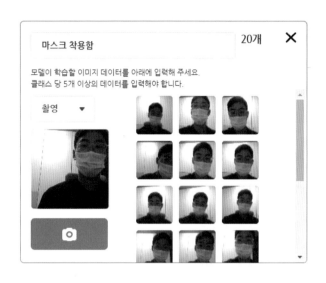)을 누르면 사진 데이터가 입력됩니다. 마스크를 착용한 상태로 다양한 각도와 위치에서 사진 데이터를 입력합니다. 데이터가 많으면 많을수록 더 정확해지기 때문에 20개 이상의 사진을 촬영해서 입력합니다.

3 '마스크 착용하지 않음' 클래스를 선택하고 마스크를 쓰지 않은 사진을 입력합니다. 다양한 장소와 다양한 사람의 데이터를 넣으면 더 정확하게 인식합니다.

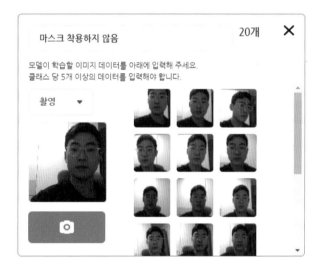

4 '제대로 착용하지 않음' 클래스를 선택하고 마스크를 턱에 쓴 상태나 코가 보인 상태의 사진을 입력합니다.

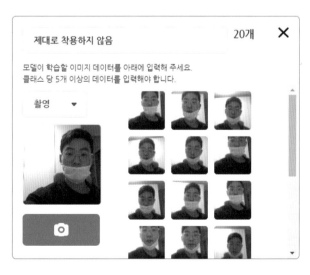

1 [모델 학습하기] 버튼을 누르면 학습이 시작됩니다. '학습을 완료했습니다.'가 나오면 학습이 끝난 것입니다.

TIP

인공지능이 학습하는 동안 창을 그대로 두고 다른 작업을 하지 마세요. 다른 작업을 하면 학습하는 시간이 길어집니다.

2 인공지능이 잘 학습했는지 확인해 봅시다.
결과에서 [업로드]를 [촬영]으로 바꿉니다.

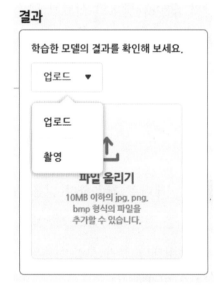

3 마스크를 쓴 상태, 마스크를 쓰지 않은 상태, 제대로 쓰지 않은 상태를 보여주면 실시간으로 카메라에서 입력된 사진 데이터가 어떤 클래스에 해당되는지를 알려줍니다. 거리와 공간을 다르게 해서 제대로 인식하는지를 살펴봅시다. 잘 동작하지 않으면 다양한 사진을 더 촬영해서 다시 학습을 시킵니다. 잘 동작한다면 적용하기 를 눌러서 학습을 완료합니다.

4 [인공지능] 카테고리에 내가 직접 학습시킨 인공지능 블록이 생기게 됩니다. [인공지능 블록 불러오기]를 클릭해서 읽어주기와 사람 인식 인공지능 블록도 불러옵니다.

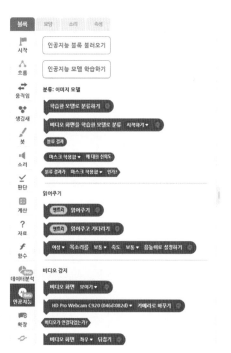

비디오 화면을 학습한 모델로 분류　시작하기 ▼　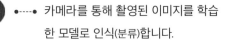 ●-----● 카메라를 통해 촬영된 이미지를 학습
한 모델로 인식(분류)합니다.

2.5 코 딩 하 기

사람들이 인공지능을 사용해서 문제를 쉽게 해결하도록 코딩을 해 봅시다.

STEP 1　오브젝트 준비하기

이름	태블릿
카테고리	인터페이스
x	0
y	0
크기	300

1 오브젝트 목록 창에서 ✕ 를 눌러 '엔트리봇' 오브젝트를 삭제하고 `+ 오브젝트 추가하기`
를 눌러 '태블릿' 오브젝트를 추가합니다.

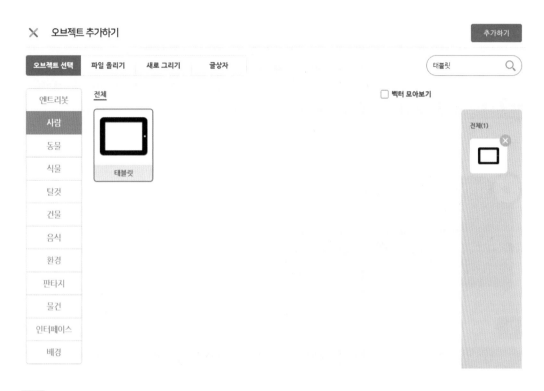

2 다음과 같이 오브젝트의 위치
와 크기를 변경합니다.

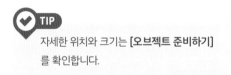
자세한 위치와 크기는 **[오브젝트 준비하기]**
를 확인합니다.

1 카메라를 켜고 카메라로 입력된 데이터를 학습시킨 인공지능 모델로 분류하도록 '태블릿' 오브젝트를 클릭하고 '시작'의 ▶ 시작하기 버튼을 클릭했을 때 를 가져옵니다. 아래에 '인공지능'의 비디오 화면 보이기▼ , 비디오 투명도 효과를 0 으로 정하기 , 비디오 화면을 학습한 모델로 분류 시작하기▼ 를 연결합니다. 비디오 투명도는 0에서 100사이로 자유롭게 설정합니다.

> ▶ 시작하기 버튼을 클릭했을 때
> 비디오 화면 보이기▼
> 비디오 투명도 효과를 90 으로 정하기
> 비디오 화면을 학습한 모델로 분류 시작하기▼

2 가까이 와달라고 말풍선과 음성으로 말하도록 '인공지능'의 여성▼ 목소리를 보통▼ 속도 보통▼ 음높이로 설정하기 , 엔트리 읽어주고 기다리기 와 '생김새'의 안녕! 을(를) 말하기▼ 를 연결해서 다음과 같이 코드를 작성합니다.

> ▶ 시작하기 버튼을 클릭했을 때
> 비디오 화면 보이기▼
> 비디오 투명도 효과를 90 으로 정하기
> 비디오 화면을 학습한 모델로 분류 시작하기▼
> 여성▼ 목소리를 보통▼ 속도 보통▼ 음높이로 설정하기
> 가까이 와주세요. 을(를) 말하기▼
> 가까이 와주세요. 읽어주고 기다리기

3 계속 카메라로 입력된 데이터를 분류해서 마스크 착용 여부에 따라 말풍선과 음성으로 안내하도록 '흐름'의 계속 반복하기, 만일 참 이라면 을 가져오고 참 에는 '인공지능'의 분류 결과가 마스크 착용함▼ 인가? 를 넣습니다. 만일 참 이라면 안에는 '생김새'의 안녕! 을(를) 말하기▼, '인공지능'의 엔트리 읽어주고 기다리기 를 넣어 다음과 같이 코드를 작성합니다.

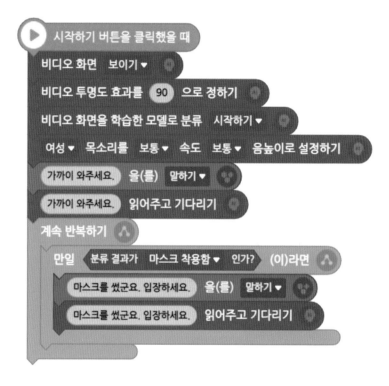

4 마스크를 착용하지 않았을 때, 제대로 착용하지 않았을 때도 **3**번을 참고하여 다음과 같이 코드를 작성합니다.

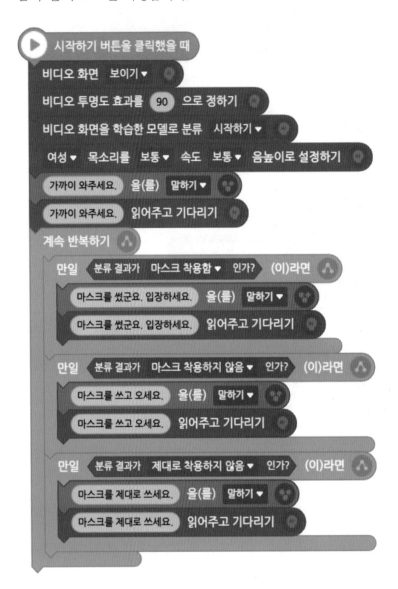

5 ▶ 시작하기 를 눌러서 여러 사진 데이터를 입력해 보면 마스크 착용 여부에 따라 다른 말을 하는 것을 볼 수 있습니다.

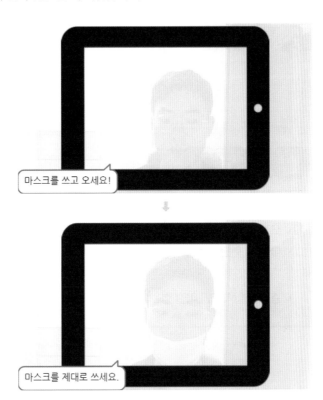

2.6 정 리 하 기

- 사진 데이터로 분류를 해 주는 인공지능을 만들어 보았습니다.
- 사진 데이터를 카메라로 입력할 수 있다는 것을 배웠습니다.
- 데이터를 2개 이상으로 분류할 수 있다는 것을 배웠습니다.

💡 더 나아가기

- '제대로 착용하지 않음' 클래스를 삭제하고 '마스크 턱에 착용함', '코를 덮지 않음' 클래스를 추가해서 코를 덮지 않았을 때와 턱에 착용한 경우 각각 다르게 안내하게 해 봅시다.

학습 3 가야 할 병원을 알려 주는 인공지능 만들기

3.1 문제 살펴보기

발견한 문제	• 열이 날 때는 어느 병원을 가야 할까요? • 코감기가 심할 때 어느 병원을 가야 할까요? • 아플 때 어떤 병원에 가야 할지 잘 모를 때가 있어요.
인공지능으로 해결하기	• 증상을 입력하면 어떤 병원으로 가야 하는지 알려 주려고 해요.

3.2 인공지능 살펴보기

준비물		예제 주소	
			https://bit.ly/entryai203

> 증상을 입력해봐, 가야할 병원을 알려줄게
>
> 코가 아파

1단계 증상을 입력하면 가야 할 병원을 알려 준다고 안내합니다.

2단계 증상을 입력하면 어떤 병원에 가야 할지 말풍선과 음성으로 알려줍니다.

3.3 생각해 보기

인공지능을 어떻게 만들 수 있을지 먼저 생각해 봅시다.

1 이 인공지능을 만들기 위해서는 어떤 데이터가 필요할까요?

(필요한 데이터에 동그라미를 그려 보세요)

| 사진(그림) | 글 | 숫자 | 소리(음성) |

2 이 인공지능을 만들기 위해서는 어떤 모델을 선택해야 할까요?

(필요한 모델에 동그라미를 그려 보세요)

| 지도학습 | | 비지도학습 |

분류(들어온 데이터가 A인지 B인지 나눠 줘요)

예측(들어온 데이터로 예상되는 숫자 값을 말해 줘요)

군집(데이터를 몇 개의 그룹으로 나눠요)

3 ▸ 이 인공지능을 만들 때 필요한 클래스는 어떤 것이 있을까요?

$$(\qquad), (\qquad), (\qquad)$$

4 ▸ 이 인공지능을 만들기 위한 데이터는 어떻게 수집할 수 있을까요?

(원하는 방법에 동그라미를 그려 보세요)

| 데이터를 손으로 입력해요. | 데이터를 외부 장치 (카메라, 마이크)를 통해 입력해요. | 인터넷에서 데이터를 찾아서 받아요. | 또 다른 방법은? |

모델 만들기

3.4

생각해 보기를 바탕으로 데이터를 입력하고 모델에 학습을 시켜 봅시다.

STEP 1 모델 선택하기

1 ▸ 엔트리 만들기 화면에 접속한 후 **[인공지능]** ➡ **[인공지능 모델 학습하기]**를 클릭합니다.

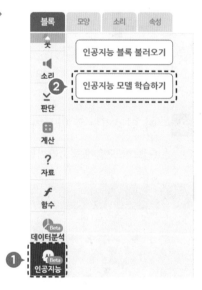

2 학습할 모델 선택하기 창에서 **[분류:텍스트]**를 선택하고 **[학습하기]**를 클릭합니다.

3 모델 이름을 '증상으로 병원 분류하는 인공지능'으로 정합니다. **[+클래스 추가하기]**를 누르고 데이터 입력에서 '클래스1, 2, 3'을 각각 '이비인후과', '치과', '내과'로 변경합니다.

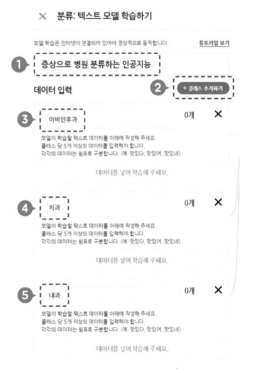

데이터 입력하기

- 이 예제에서는 데이터를 키보드로 직접 입력합니다.

1 '이비인후과' 클래스를 선택하고 이비인후과와 관련된 증상을 15개 이상 작성합니다. 여러 개의 데이터를 입력할 때는 쉼표로 구분해서 작성해야 합니다. 처음에는 단어를 적고, 그다음에는 일상적인 말투로 적으면 다양한 데이터를 입력할 수 있습니다. 잘 생각나지 않으면 네이버나 구글에서 '이비인후과 증상'을 검색해서 작성합니다.

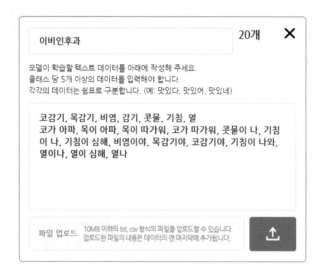

2 '치과', '내과' 클래스도 1번과 같이 관련된 증상을 15개 이상 작성합니다.

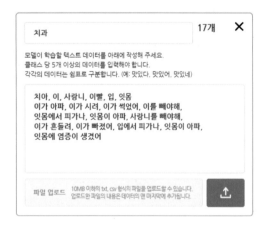

1 [모델 학습하기] 버튼을 누르면 학습이 시작됩니다. '학습을 완료했습니다.'가 나오면 학습이 끝난 것입니다.

 TIP
인공지능이 학습하는 동안 창을 그대로 두고 다른 작업을 하지 마세요. 다른 작업을 하면 학습하는 시간이 길어집니다.

2 인공지능이 잘 학습했는지 확인해 봅시다. 결과에서 학습에 사용되지 않은 유사한 말을 입력한 후에 [입력하기] 를 누릅니다. '잇몸이 이상해'를 입력하면 '치과'로 잘 분류해 주는 것을 볼 수 있습니다. 하지만 '귀가 아파'를 입력하면 '치과'로 분류하는 것을 보니 아직 성능이 부족한 것을 확인할 수 있습니다.

결과

학습한 모델의 결과를 확인해 보세요.

잇몸이 이상해

입력하기

입력된 텍스트 : 잇몸이 이상해

치과
72.4%

이비인후과
14.89%

내과
12.7%

결과

학습한 모델의 결과를 확인해 보세요.

귀가 아파

입력하기

입력된 텍스트 : 귀가 아파

치과
37.1%

이비인후과
33.54%

내과
29.34%

3 이비인후과 클래스에 '귀'와 관련된 단어를 입력하지 않아서 제대로 구분하지 못한 것 같습니다. 관련된 단어를 추가한 후에 **[모델 학습하기]**를 다시 눌러 학습을 시킵니다.

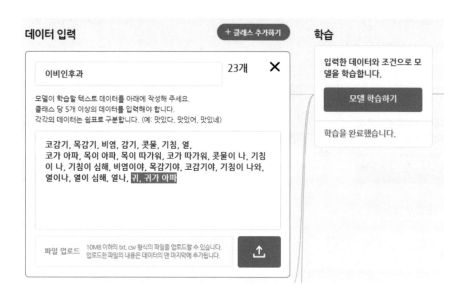

4 다시 결과에서 '귀가 간지러워'를 입력하니 '이비인후과'로 잘 구분하는 것을 볼 수 있습니다. 이렇게 충분히 학습시켰다고 생각되면 적용하기 를 누릅니다.

결과

학습한 모델의 결과를 확인해 보세요.

귀가 간지러워

입력하기

입력된 텍스트 : 귀가 간지러워

이비인후과
65.34%

내과
17.76%

치과
16.88%

5 [인공지능] 카테고리에 내가 직접 학습시킨 인공지능 블록이 생기게 됩니다. [인공지능 블록 불러오기]를 클릭해서 읽어주기 인공지능 블록도 불러옵니다.

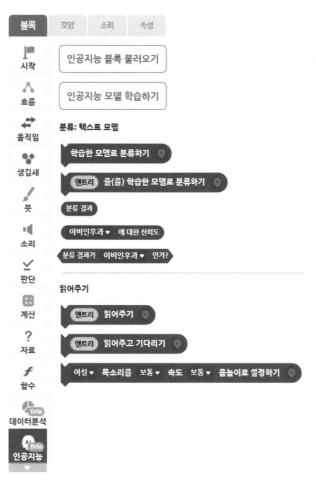

입력한 텍스트 데이터를 학습한 모델로 인식(분류)합니다.

3.5 코딩하기

사람들이 인공지능을 사용해서 문제를 쉽게 해결하도록 코딩을 해 봅시다.

STEP 1 오브젝트 준비하기

이름	소년(1)	아름다운 세상_1
카테고리	사람	배경
x	0	0
y	-50	0
크기	100	375

1 오브젝트 목록 창에서 ✕를 눌러 '엔트리봇' 오브젝트를 삭제하고 [+ 오브젝트 추가하기] 를 눌러 '소년(1), 아름다운 세상_1' 오브젝트를 추가합니다.

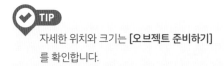 다음과 같이 오브젝트의 위치
와 크기를 변경합니다.

TIP
자세한 위치와 크기는 **[오브젝트 준비하기]**
를 확인합니다.

STEP 2 코딩하기

1 '소년⑴' 오브젝트를 클릭하고 '시작'의 ▶ 시작하기 버튼을 클릭했을 때 아래에 '인공지능'
의 엔트리 읽어주기 , '자료'의 안녕! 을(를) 묻고 대답 기다리기 ? 를 연결하고 다음과 같이
코드를 작성합니다. ▶ 시작하기 를 누르면 음성으로 안내를 하고 텍스트 데이터를 입력
받을 수 있습니다.

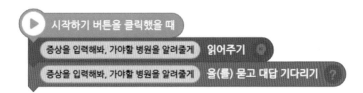

2 데이터를 입력하면 `대답` 에 그 값이 저장됩니다. 입력받은 텍스트 데이터로 인공지능이 분류를 해 주도록 '인공지능'의 `엔트리 을(를) 학습한 모델로 분류하기` 를 연결하고, `엔트리` 에 `대답` 을 넣습니다.

```
시작하기 버튼을 클릭했을 때
  증상을 입력해봐, 가야할 병원을 알려줄게  읽어주기
  증상을 입력해봐, 가야할 병원을 알려줄게  을(를) 묻고 대답 기다리기
  대답  을(를) 학습한 모델로 분류하기
```

3 입력한 데이터가 이비인후과로 분류되면 그에 따른 특정 행동을 하도록 '흐름'의 `만일 참 이라면` 을 가져오고 `참` 에는 '인공지능'의 `분류 결과가 이비인후과 ▼ 인가?` 를 넣습니다.

```
시작하기 버튼을 클릭했을 때
  증상을 입력해봐, 가야할 병원을 알려줄게  읽어주기
  증상을 입력해봐, 가야할 병원을 알려줄게  을(를) 묻고 대답 기다리기
  대답  을(를) 학습한 모델로 분류하기
  만일  분류 결과가 이비인후과 ▼ 인가?  (이)라면
```

4 이비인후과로 분류되면 말풍선과 음성으로 안내하도록 `만일 참 이라면` 안에 '생김새'의 `안녕! 을(를) 말하기 ▼` , '인공지능'의 `엔트리 읽어주고 기다리기` 를 넣어 다음과 같이 코드를 작성합니다.

```
시작하기 버튼을 클릭했을 때
  증상을 입력해봐, 가야할 병원을 알려줄게  읽어주기
  증상을 입력해봐, 가야할 병원을 알려줄게  을(를) 묻고 대답 기다리기
  대답  을(를) 학습한 모델로 분류하기
  만일  분류 결과가 이비인후과 ▼ 인가?  (이)라면
    이비인후과로 가봐  을(를)  말하기 ▼
    이비인후과로 가봐  읽어주고 기다리기
```

5 3~4번을 참고하여 치과, 내과로 분류되었을 때의 코드도 다음과 같이 작성합니다.

```
시작하기 버튼을 클릭했을 때
증상을 입력해봐, 가야할 병원을 알려줄게  읽어주기
증상을 입력해봐, 가야할 병원을 알려줄게  을(를) 묻고 대답 기다리기
대답  을(를) 학습한 모델로 분류하기
만일  분류 결과가  이비인후과 ▼  인가?  (이)라면
    이비인후과로 가봐  을(를)  말하기 ▼
    이비인후과로 가봐  읽어주고 기다리기

만일  분류 결과가  치과 ▼  인가?  (이)라면
    치과로 가봐  을(를)  말하기 ▼
    치과로 가봐  읽어주고 기다리기

만일  분류 결과가  내과 ▼  인가?  (이)라면
    내과로 가봐  을(를)  말하기 ▼
    내과로 가봐  읽어주고 기다리기
```

6 계속 반복해서 데이터를 입력받고 결과를 보여주도록 '흐름'의 `계속 반복하기` 를 가져오고, 대답 창은 숨기도록 '자료'의 `대답 숨기기 ▼` 를 가져와 다음과 같이 코드를 작성합니다.

```
시작하기 버튼을 클릭했을 때
대답  숨기기 ▼
계속 반복하기
    증상을 입력해봐, 가야할 병원을 알려줄게  읽어주기
    증상을 입력해봐, 가야할 병원을 알려줄게  을(를) 묻고 대답 기다리기
    대답  을(를) 학습한 모델로 분류하기
    만일  분류 결과가  이비인후과 ▼  인가?  (이)라면
        이비인후과로 가봐  을(를)  말하기 ▼
        이비인후과로 가봐  읽어주고 기다리기

    만일  분류 결과가  치과 ▼  인가?  (이)라면
        치과로 가봐  을(를)  말하기 ▼
        치과로 가봐  읽어주고 기다리기

    만일  분류 결과가  내과 ▼  인가?  (이)라면
        내과로 가봐  을(를)  말하기 ▼
        내과로 가봐  읽어주고 기다리기
```

7 ▶시작하기 를 눌러서 증상을 입력하면 가야 할 병원을 구분해 주는 것을 볼 수 있습니다.

정리하기

- 텍스트 데이터로 분류를 해 주는 인공지능을 만들어 보았습니다.
- 키보드로 데이터를 직접 쳐서 데이터를 입력할 수 있다는 것을 배웠습니다.

💡 더 나아가기

- '정형외과', '안과' 등의 클래스를 더 추가해서 더 자세히 분류하게 해 봅시다.
- 증상을 키보드가 아닌 음성으로 입력받을 수 있게 해 봅시다.

4.1 문제 살펴보기

발견한 문제	• 많은 기사 제목을 분류해야 하는 일이 생겼어요. • 하나씩 손으로 다 하기에는 너무 힘들어요.
인공지능으로 해결하기	• 기사 제목을 입력하면 어떤 영역의 기사인지 분류해 주려고 해요.

4.2 인공지능 살펴보기

준비물	없음	예제 주소	
			https://bit.ly/entryai204

1단계 기사 제목을 입력하면 연예 영역인지 스포츠 영역인지 분류해 준다고 안내합니다. 연예 또는 스포츠 영역의 기사 제목을 가져와 입력합니다.

2단계 기사 제목을 입력하면 어떤 영역의 기사인지 알려 주고 정확하게 분류했는지 묻습니다.

3단계 사용자가 새롭게 입력한 데이터를 인공지능이 잘 판단하는지 확인하기 위해 ○를 입력하면 인공지능이 분류한 영역의 리스트에, ×를 입력하면 반대 영역의 리스트에 입력한 기사 제목이 추가됩니다. 나중에 이 리스트의 데이터로 다시 학습을 시키면 정확도가 더 높아지게 됩니다.

 생각해 보기

4.3 생각해 보기

인공지능을 어떻게 만들 수 있을지 먼저 생각해 봅시다.

1▶ 이 인공지능을 만들기 위해서는 어떤 데이터가 필요할까요?

(필요한 데이터에 동그라미를 그려 보세요)

| 사진(그림) | 글 | 숫자 | 소리(음성) |

2▶ 이 인공지능을 만들기 위해서는 어떤 모델을 선택해야 할까요?

(필요한 모델에 동그라미를 그려 보세요)

지도학습

분류(들어온 데이터가 A인지 B인지 나눠 줘요)

예측(들어온 데이터로 예상되는 숫자 값을 말해 줘요)

비지도학습

군집(데이터를 몇 개의 그룹으로 나눠요)

3▶ 이 인공지능을 만들 때 필요한 클래스는 어떤 것이 있을까요?

(   ), (   )

4▶ 이 인공지능을 만들기 위한 데이터는 어떻게 수집할 수 있을까요?

(원하는 방법에 동그라미를 그려 보세요)

데이터를 손으로 입력해요.

데이터를 외부 장치 (카메라, 마이크)를 통해 입력해요.

인터넷에서 데이터를 찾아서 받아요.

또 다른 방법은?

4.4 모델 만들기

생각해 보기를 바탕으로 데이터를 입력하고 모델에 학습을 시켜 봅시다.

STEP 1 모델 선택하기

1 엔트리 만들기 화면에 접속한 후 **[인공지능]** ➡ **[인공지능 모델 학습하기]**를 클릭합니다.

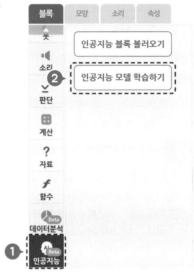

2 학습할 모델 선택하기 창에서 **[분류:텍스트]**를 선택하고 **[학습하기]**를 클릭합니다.

3 모델 이름을 '기사 분류하는 인공지능'으로 정합니다. 데이터 입력에서 '클래스1, 2'를 각각 '연예 기사', '스포츠 기사'로 변경합니다.

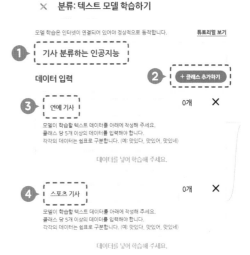

STEP 2 데이터 입력하기

• 이 예제에서는 인터넷에서 검색한 데이터를 입력합니다.

1 네이버에서 '연합뉴스'를 검색해서 사이트에 접속합니다(yna.co.kr). 메뉴 중 **[연예]** 를 클릭하고 기사 제목을 드래그해서 `Ctrl` + `C` 키를 눌러 복사합니다.

2 엔트리 화면으로 돌아와서 '연예 기사' 클래스를 선택하고 Ctrl + V 키를 눌러 기사 제목을 붙여넣기 합니다. 이때 기사 제목에 쉼표(,)가 포함되어 있으면 제거해 줍니다. 엔트리는 쉼표로 데이터를 구분하기 때문입니다. 또 '종합'이나 '단독'과 같은 말도 제거해 줍니다. 하나의 데이터를 입력한 다음에는 쉼표를 입력합니다. 최소 20개 이상의 연예 기사 제목을 입력합니다. 이때 드라마, 가수, 영화 등 다양한 종류의 연예 기사 제목을 입력해야 인공지능이 더 정확하게 분류할 수 있습니다.

3 이번에는 연합뉴스 사이트에서 메뉴 중 **[스포츠]**를 클릭하고 기사 제목을 드래그해서 Ctrl + C 키를 눌러서 복사합니다.

4 엔트리 화면으로 돌아와서 '스포츠 기사' 클래스를 선택하고 Ctrl + V 키를 눌러 기사 제목을 붙여넣기 합니다. 연예 기사와 동일하게 이때 기사 제목에 쉼표(,)가 포함되어 있으면 제거해 줍니다. 하나의 데이터를 입력한 다음에는 쉼표를 입력합니다. 최소 20개 이상의 스포츠 기사 제목을 입력합니다. 이때 축구, 야구, 배구 등 다양한 종류의 스포츠 기사 제목을 입력해야 인공지능이 더 정확하게 분류할 수 있습니다.

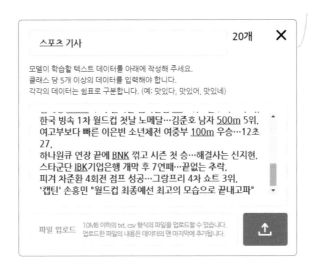

STEP 3 ‍학습하고 평가하기

1 [모델 학습하기] 버튼을 누르면 학습이 시작됩니다. '학습을 완료했습니다.'가 나오면 학습이 끝난 것입니다.

> **TIP**
> 인공지능이 학습하는 동안 창을 그대로 두고 다른 작업을 하지 마세요. 다른 작업을 하면 학습하는 시간이 길어집니다.

2 인공지능이 잘 학습했는지 확인해 봅시다. 결과에서 학습에 사용되지 않은 새로운 연예, 스포츠 기사를 각각 입력한 후에 입력하기 를 누릅니다. 제대로 구분을 해 준다면 적용하기 를 누르고 제대로 구분이 안 된다면 2단계의 **1~4**번과 같이 데이터를 더 입력하고 학습을 시켜 봅니다.

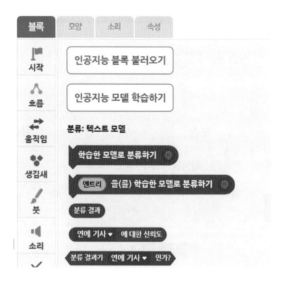

3 적용하기 를 누르면 **[인공지능]** 카테고리에 내가 직접 학습시킨 인공지능 블록이 생기게 됩니다.

4.5 코딩하기

사람들이 인공지능을 사용해서 문제를 쉽게 해결하도록 코딩을 해 봅시다.

STEP 1 오브젝트 준비하기

	(소놀 AI 로봇 이미지)	(미래 도시 이미지)
이름	소놀 AI 로봇	미래 도시
카테고리	물건	배경
x	0	0
y	-50	0
크기	100	375

1 오브젝트 목록 창에서 ✕ 를 눌러 '엔트리봇' 오브젝트를 삭제하고 [＋오브젝트 추가하기] 를 눌러 '소놀 AI 로봇, 미래 도시' 오브젝트를 추가합니다.

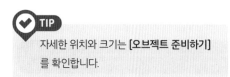 다음과 같이 오브젝트의 위치
와 크기를 변경합니다.

> **TIP**
> 자세한 위치와 크기는 [오브젝트 준비하기]
> 를 확인합니다.

STEP 2 코딩하기

1 기사 제목을 저장할 변수와 분류된 기사를 저장할 리스트를 만들어 봅시다. **[속성]** ➡ **[변수]** ➡ **[변수 추가하기]**를 누르고 변수 이름을 '기사 제목'으로 입력한 후에 **[확인]**을 누릅니다. 이어서 **[속성]** ➡ **[리스트]** ➡ **[리스트 추가하기]**를 누르고 리스트 이름을 각각 '연예', '스포츠'로 입력한 후에 **[확인]**을 누릅니다. 이때 리스트는 반드시 **[공유 리스트로 사용]**을 선택합니다. 사람들이 입력한 데이터를 기록해 두었다가 나중에 다시 학습할 때 사용하기 위해서입니다. 일반 리스트는 사람들이 입력한 데이터가 저장되지 않습니다.

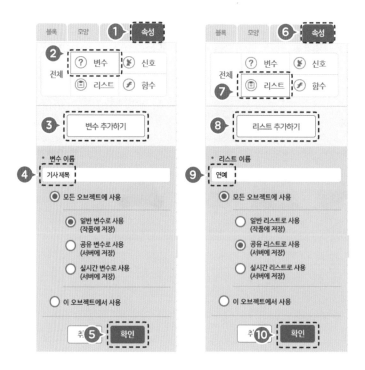

2 실행 화면에 보이는 리스트는 다음처럼 위치와 크기를 변경합니다.

3 '소놀 AI 로봇' 오브젝트를 클릭하고 '시작'의 (▶ 시작하기 버튼을 클릭했을 때) 아래에 '자료'의 (안녕! 을(를) 묻고 대답 기다리기 ?), (변수▼ 를 10 로 정하기 ?) 를 연결하고 10 에 대답 을 넣은 후 다음과 같이 코드를 작성합니다. ▶ 시작하기 를 누르면 텍스트 데이터를 입력 받고 입력한 값이 '기사 제목' 변수에 저장되는 것을 볼 수 있습니다.

4 입력받은 텍스트 데이터로 인공지능이 분류를 해 주도록 '인공지능'의 (엔트리 을(를) 학습한 모델로 분류하기 ◉) 를 연결하고, 엔트리 에 (기사 제목▼ 값) 을 넣습니다.

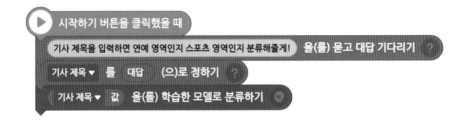

5 입력한 데이터가 연예 기사로 분류될 때 연예 관련 기사라고 말하고 정확하게 분류했는지 묻도록 '흐름'의 `만일 참 이라면` 을 가져오고 `참` 에는 '인공지능'의 `분류 결과가 연예 기사 ▼ 인가?` 를 넣습니다. `만일 참 이라면` 안 에는 '생김새'의 `안녕! 을(를) 4 초 동안 말하기 ▼` 와 '자료'의 `안녕! 을(를) 묻고 대답 기다리기` 를 넣고 다음과 같이 코드를 작성합니다.

```
시작하기 버튼을 클릭했을 때
   기사 제목을 입력하면 연예 영역인지 스포츠 영역인지 분류해줄게! 을(를) 묻고 대답 기다리기
   기사 제목 ▼ 를 대답 (으)로 정하기
   기사 제목 ▼ 값 을(를) 학습한 모델로 분류하기
   만일 < 분류 결과가 연예 기사 ▼ 인가? > (이)라면
       연예 관련 기사야! 을(를) 2 초 동안 말하기 ▼
       정확하게 분류했나요? (O,X)를 입력하세요. 을(를) 묻고 대답 기다리기
```

6 인공지능이 연예 기사로 분류해 주었을 때 사람에게 정확하게 분류했는지를 묻고, O를 입력하면 '연예' 리스트에 입력한 기사 제목이 추가되고 X를 입력하면 '스포츠' 리스트에 입력한 기사 제목이 추가되도록 '흐름'의 `만일 참 이라면` , '자료'의 `대답` , `10 항목을 리스트 ▼ 에 추가하기` , `기사 제목 ▼ 값` , '판단'의 `< 10 = 10 >` 을 가져와서 다음과 같이 코드를 작성합니다.

```
시작하기 버튼을 클릭했을 때
   기사 제목을 입력하면 연예 영역인지 스포츠 영역인지 분류해줄게! 을(를) 묻고 대답 기다리기
   기사 제목 ▼ 를 대답 (으)로 정하기
   기사 제목 ▼ 값 을(를) 학습한 모델로 분류하기
   만일 < 분류 결과가 연예 기사 ▼ 인가? > (이)라면
       연예 관련 기사야! 을(를) 2 초 동안 말하기 ▼
       정확하게 분류했나요? (O,X)를 입력하세요. 을(를) 묻고 대답 기다리기
       만일 < 대답 = O > (이)라면
           기사 제목 ▼ 값 항목을 연예 ▼ 에 추가하기

       만일 < 대답 = X > (이)라면
           기사 제목 ▼ 값 항목을 스포츠 ▼ 에 추가하기
```

7 5~6번을 참고하여 스포츠 기사로 분류되었을 때의 코드도 다음과 같이 작성합니다.

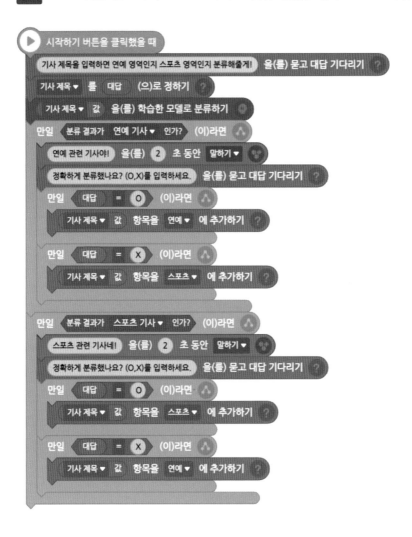

8 계속 반복해서 데이터를 입력받고 결과를 보여주도록 '흐름'의 [계속 반복하기] 를 가져오고, 대답 창과 변수 창은 숨기도록 '자료'의 [대답 숨기기 ▼ ?], [변수 변수 ▼ 숨기기 ?] 를 가져와 다음과 같이 코드를 작성합니다.

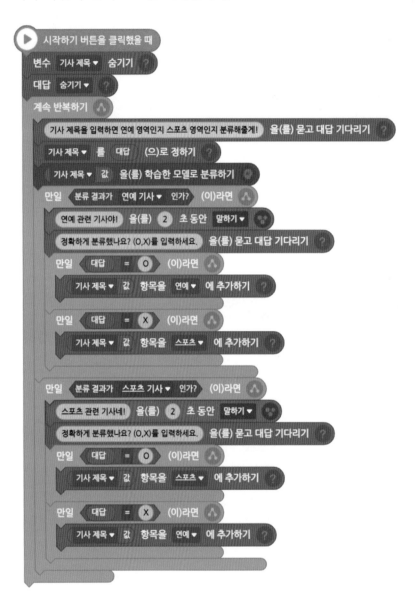

9 ▶ ▶시작하기 를 눌러서 기사 제목을 입력하면 분류를 해 주고 정확한지 물어보고 결과를 저장하는 것을 볼 수 있습니다.

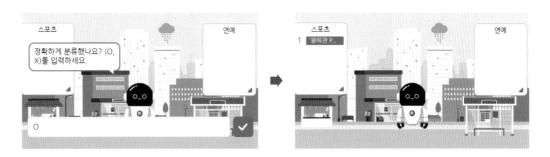

10 ▶ 이 작품은 '공유리스트'를 사용했기 때문에 ■정지하기 를 눌러도 '스포츠', '연예' 리스트에 새로 입력된 데이터가 저장됩니다. **[속성] ➡ [리스트] ➡ [연예, 스포츠]** 각각의 리스트를 선택하고 **[리스트 내보내기]**를 클릭하면 인공지능과 사람들이 '연예' 기사라고 분류해 준 데이터를 받을 수 있게 됩니다. **[복사하기]**를 누르고 '2단계 데이터 입력하기' 로 돌아가서 데이터를 더 추가한 후에 학습을 시켜 주면 더 성능이 좋은 인공지능을 만 들 수 있게 됩니다. 이때 각 데이터는 쉼표로 구분해 주어야 합니다.

4.6 정리하기

- 텍스트 데이터로 분류를 해 주는 인공지능을 만들어 보았습니다.
- 인터넷 검색으로 데이터를 수집해서 입력할 수 있다는 것을 배웠습니다.
- 사람들이 데이터를 최종적으로 분류해 준 것을 다시 인공지능의 학습에 활용해서 데이터를 모으고 인공지능의 성능을 높일 수 있다는 것을 배웠습니다.

💡 더 나아가기

- '날씨', '정치', '경제' 등의 클래스를 더 추가해서 더 자세히 분류하게 해 봅시다.

소리를 알아맞히는 인공지능 만들기

5.1 문 제 살 펴 보 기

발견한 문제	• 이것은 어떤 소리일까요? • 어떤 소리인지 잘 모르겠어요.
인공지능으로 해결하기	• 소리를 들려주면 어떤 소리인지 알려 주려고 해요.

5.2 인 공 지 능 살 펴 보 기

준비물		예제 주소	 https://bit.ly/entryai205

사람 목소리인지 물건의 소리인지 알아맞혀 볼게요. 소리를 입력해주세요.

1단계 소리를 입력하면 사람 목소리인지 물건의 소리인지 분류해 준다고 안내합니다.

2단계 데이터 입력 창이 뜨면 [녹음] ➡ [🎤]을 누르고 목소리나 물건 소리를 녹음한 후에 적용하기 를 누릅니다.

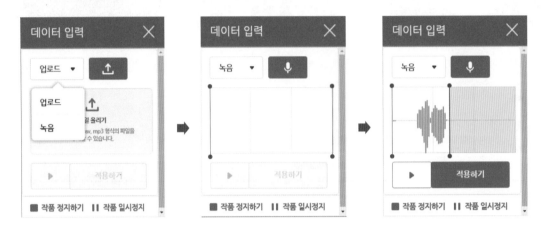

3단계 몇 %의 확률로 어떤 소리인지 알려 주고, 확률이 낮으면 잘 모르겠다고 안내해 줍니다.

생각해 보기

인공지능을 어떻게 만들 수 있을지 먼저 생각해 봅시다.

1 이 인공지능을 만들기 위해서는 어떤 데이터가 필요할까요?

(필요한 데이터에 동그라미를 그려 보세요)

| 사진(그림) | 글 | 숫자 | 소리(음성) |

2 이 인공지능을 만들기 위해서는 어떤 모델을 선택해야 할까요?

(필요한 모델에 동그라미를 그려 보세요)

| 지도학습 | | 비지도학습 |

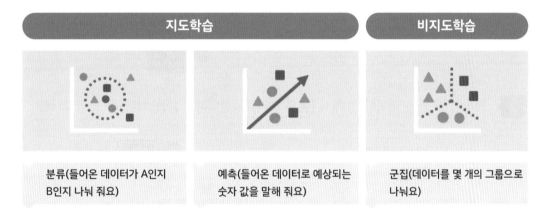

분류(들어온 데이터가 A인지 B인지 나눠 줘요)   예측(들어온 데이터로 예상되는 숫자 값을 말해 줘요)   군집(데이터를 몇 개의 그룹으로 나눠요)

3 이 인공지능을 만들 때 필요한 클래스는 어떤 것이 있을까요?

(   ), (   )

4 이 인공지능을 만들기 위한 데이터는 어떻게 수집할 수 있을까요?

(원하는 방법에 동그라미를 그려 보세요)

데이터를 손으로 입력해요.   데이터를 외부 장치 (카메라, 마이크)를 통해 입력해요.   인터넷에서 데이터를 찾아서 받아요.   또 다른 방법은?

5.4 모델 만들기

생각해 보기를 바탕으로 데이터를 입력하고 모델에 학습을 시켜 봅시다.

STEP 1 모델 선택하기

1 엔트리 만들기 화면에 접속한 후 **[인공지능]** ➡
[인공지능 모델 학습하기]를 클릭합니다.

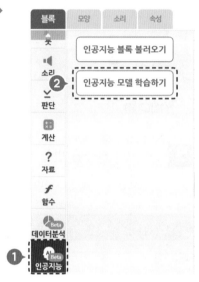

2 학습할 모델 선택하기 창에서 **[분류:소리]**를 선택하고 **[학습하기]**를 클릭합니다.

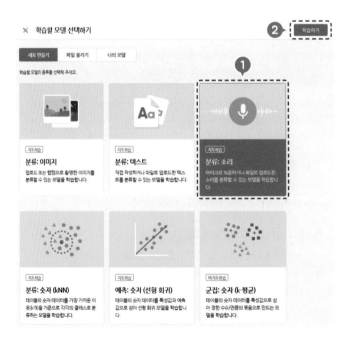

3 모델 이름을 '소리 분류 인공지능'으로 정합니다. 데이터 입력에서 길이를 '1'초로, '클래스1, 2'를 각각 '사람 목소리', '물건 소리'로 변경합니다.

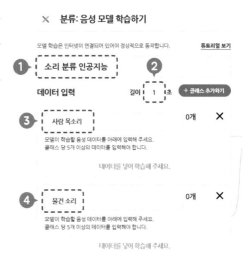

STEP 2 데이터 입력하기

- 이 예제에서는 데이터를 외부 장치(마이크)를 통해 입력합니다.

- 마이크가 없다면 인터넷에서 목소리와 물건 소리 데이터를 찾아 다운로드하여 학습시킬 수 있습니다.

1 사람 목소리 클래스를 선택하고 [**업로드**]를 [**녹음**]으로 바꿉니다.

2 마이크가 연결되어 있지 않거나 접근 권한이 허용되어 있지 않으면 알림이 뜹니다. 마이크를 연결하고 권한을 허용한 후에 **[확인하기]**를 누릅니다. 녹음 버튼(🎤)을 눌러 녹음을 시작합니다. 앞서 데이터의 길이를 1초로 설정했기 때문에 1초만 녹음됩니다.

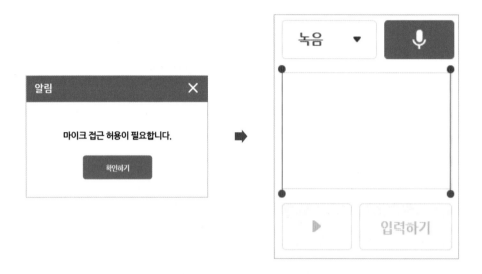

3 녹음이 되었다면 입력하기 를 눌러서 목소리 데이터를 입력합니다. 다양한 목소리와 단어로 말을 해서 데이터를 넣으면 더 정확하게 인식합니다. 최소 20개 이상의 데이터를 입력합니다.

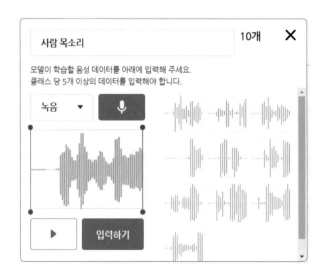

4 물건 소리 클래스를 선택하고 다양한 물건 소리(비닐 소리, 물건끼리 부딪치는 소리, 타이핑 소리, 마우스 클릭 소리 등)를 입력합니다.

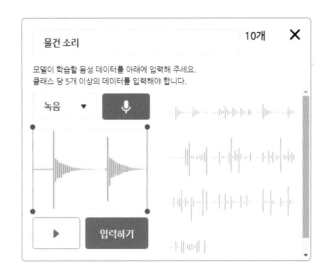

STEP 3 학습하고 평가하기

1 [모델 학습하기] 버튼을 누르면 학습이 시작됩니다. '학습을 완료했습니다.'가 나오면 학습이 끝난 것입니다.

TIP
인공지능이 학습하는 동안 창을 그대로 두고 다른 작업을 하지 마세요. 다른 작업을 하면 학습하는 시간이 길어집니다.

2 인공지능이 잘 학습했는지 확인해 봅시다. 결과에서 **[업로드]**를 **[녹음]**으로 바꿉니다. 이어서  를 누르면 소리를 실시간으로 입력받습니다.

3 목소리를 입력하거나 다양한 물건 소리를 입력해서 제대로 분류하는지를 살펴봅시다. 잘 동작하지 않으면 다양한 소리를 더 입력해서 다시 학습을 시킵니다. 잘 동작한다면 **[적용하기]**를 눌러서 학습을 완료합니다.

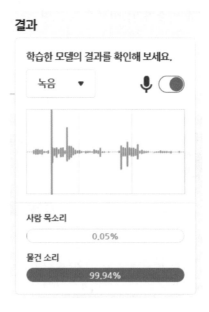

5 [적용하기]를 누르면 [인공지능] 카테고리에 내가 직접 학습시킨 인공지능 블록이 생기게 됩니다.

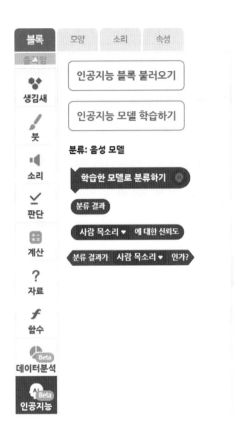

STEP 4 인공지능 블록 알아보기

사람 목소리 ▼ 에 대한 신뢰도 •······• 입력한 데이터로 분류한 클래스에 대한 신뢰도 값입니다. 0에서 1 사이의 값을 가지며, 높을수록 일치할 확률이 높다는 것을 나타냅니다.

5.5 코딩하기

사람들이 인공지능을 사용해서 문제를 쉽게 해결하도록 코딩을 해 봅시다.

STEP 1 오브젝트 준비하기

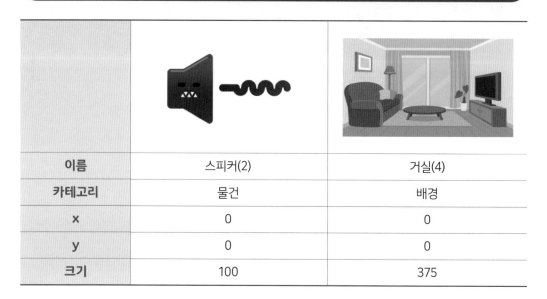

이름	스피커(2)	거실(4)
카테고리	물건	배경
x	0	0
y	0	0
크기	100	375

1 오브젝트 목록 창에서 ✕를 눌러 '엔트리봇' 오브젝트를 삭제하고 [+ 오브젝트 추가하기] 를 눌러 '스피커(2), 거실(4)' 오브젝트를 추가합니다.

2 다음과 같이 오브젝트의 위치
와 크기를 변경합니다.

✔ **TIP**
자세한 위치와 크기는 [오브젝트 준비하기]
를 확인합니다.

STEP 2 코딩하기

1 사용법을 안내하고 소리를 입력받고 분류하도록 '스피커⑵' 오브젝트를 클릭하고
'시작'의 ▶️ 시작하기 버튼을 클릭했을 때 아래에 '생김새'의 안녕! 을(를) 4 초 동안 말하기 ▼ ,
'인공지능'의 학습한 모델로 분류하기 를 연결합니다.

> ▶️ 시작하기 버튼을 클릭했을 때
> 사람 목소리인지 물건의 소리인지 알아맞혀 볼게요. 소리를 입력해주세요. 을(를) 4 초 동안 말하기 ▼
> 학습한 모델로 분류하기

2 입력받은 소리 데이터를 인공지능이 사람 목소리로 분류했는지 판단하고, 판단한 값
의 신뢰도가 0.7보다 큰지 판단해서(목소리인 확률이 70%를 넘는가) 상황에 따라 다른 말을 하게
해 봅시다. '흐름'의 만일 참 이라면 을 연결하고 참 에 '인공지능'의
분류 결과가 사람 목소리 ▼ 인가? 를 넣습니다. 또 ┌─ 만일 참 이라면 ─┐ 을 만일 참 이라면 안
└ 아니면 ┘
에 넣습니다. 참 에는 '판단'의 10 > 10 을 넣고 왼쪽 10 에는 '인공지능'의
사람 목소리 ▼ 에 대한 신뢰도 를, 오른쪽 10 에는 0.7을 넣습니다.

> ▶️ 시작하기 버튼을 클릭했을 때
> 사람 목소리인지 물건의 소리인지 알아맞혀 볼게요. 소리를 입력해주세요. 을(를) 4 초 동안 말하기 ▼
> 학습한 모델로 분류하기
> 만일 분류 결과가 사람 목소리 ▼ 인가? (이)라면
>   만일 사람 목소리 ▼ 에 대한 신뢰도 > 0.7 (이)라면
>
>   아니면

3 만약 사람 목소리로 분류했고 신뢰도가 0.7보다 크면 몇 %의 확률로 사람 목소리인지 알려 주도록 '생김새'의 `안녕! 을(를) 4 초 동안 말하기`를 가져오고 `안녕!`에 '계산'의 `안녕! 과(와) 엔트리 를 합치기`를 넣습니다. 합치기 블록 안에 있는 `안녕!`에는 `10 x 10`을 넣고 각각의 `10`에 차례대로 `사람 목소리 에 대한 신뢰도`와 100을 넣습니다. `엔트리`에는 '%의 확률로 사람 목소리네요!'를 입력합니다. 신뢰도가 0.7보다 같거나 작으면 잘 모르겠다고 안내하도록 '생김새'의 `안녕! 을(를) 4 초 동안 말하기`를 넣어 다음과 같이 코드를 작성합니다.

4 물건 소리도 2~3번과 같은 과정으로 다음과 같이 코드를 작성합니다.

5 계속 반복해서 데이터를 입력받고 결과를 보여주도록 '흐름'의 계속 반복하기 ⟳ 를 가져와 다음과 같이 코드를 작성합니다.

```
시작하기 버튼을 클릭했을 때
계속 반복하기 ⟳
    사람 목소리인지 물건의 소리인지 알아맞혀 볼게요. 소리를 입력해주세요. 을(를) 4 초 동안 말하기 ▼
    학습한 모델로 분류하기 ○
    만일 ⟨ 분류 결과가 사람 목소리 ▼ 인가? ⟩ (이)라면 ⟳
        만일 ⟨⟨ 사람 목소리 ▼ 에 대한 신뢰도 ⟩ > 0.7 ⟩ (이)라면 ⟳
            ⟨⟨ 사람 목소리 ▼ 에 대한 신뢰도 ⟩ x 100 ⟩ 과(와) %의 확률로 사람 목소리네요! 를 합치기 을(를) 4 초 동안 말하기 ▼
        아니면
            음..사실 잘 모르겠어요.. 을(를) 4 초 동안 말하기 ▼
    만일 ⟨ 분류 결과가 물건 소리 ▼ 인가? ⟩ (이)라면 ⟳
        만일 ⟨⟨ 물건 소리 ▼ 에 대한 신뢰도 ⟩ x 100 > 0.7 ⟩ (이)라면 ⟳
            ⟨⟨ 물건 소리 ▼ 에 대한 신뢰도 ⟩ x 100 ⟩ 과(와) %의 확률로 물건 소리네요! 를 합치기 을(를) 4 초 동안 말하기 ▼
        아니면
            음..사실 잘 모르겠어요.. 을(를) 4 초 동안 말하기 ▼
```

6 ▶ 시작하기 를 눌러서 소리 데이터를 입력하면 소리를 분류해 주는 것을 볼 수 있습니다.

75%의 확률로 사람 목소리네요!

5.6 정리하기

- 소리 데이터로 분류를 해 주는 인공지능을 만들어 보았습니다.
- 마이크로 데이터를 수집해서 입력할 수 있다는 것을 배웠습니다.
- 신뢰도를 활용해서 확률이 낮으면 결과를 보여주지 않을 수 있다는 것을 배웠습니다.

 더 나아가기

- '비닐 소리', '박수 소리' 등의 클래스를 더 추가해서 더 자세히 분류하게 해 봅시다.

학습

6 건강을 알려 주는 인공지능 만들기

6.1 문 제 살 펴 보 기

발견한 문제	• 키와 몸무게로 과체중인지 판별해 준 자료를 발견했어요.
	• 어떤 기준으로 과체중인지 아닌지 나누고 있는지 잘 모르겠어요.
인공지능으로 해결하기	• 정확한 규칙은 모르지만 키와 몸무게를 입력하면 과체중인지 아닌지 판별해 주려고 해요

6.2 인 공 지 능 살 펴 보 기

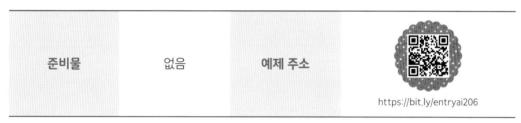

준비물	없음	예제 주소	

https://bit.ly/entryai206

1단계 마법사를 클릭하고 키와 몸무게를 입력하면 비만도를 알려 준다고 말하고 각 버튼의 사용법을 안내합니다.

2단계 키와 몸무게를 입력하면 '보통', '과체중', '저체중'으로 분류해 줍니다.

3단계 리스트 버튼을 누르면 '모델 차트 창'을 열어서 데이터의 모습을 보여주고, 설정 버튼을 누르면 인공지능의 설정값을 바꿔서 새로 학습할 수 있게 합니다.

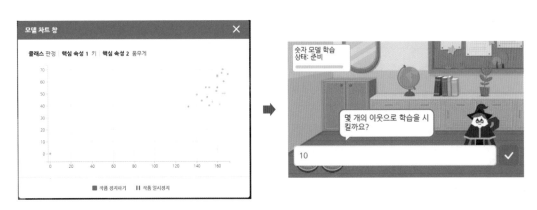

6.3 생각해 보기

인공지능을 어떻게 만들 수 있을지 먼저 생각해 봅시다.

1 ▶ 이 인공지능을 만들기 위해서는 어떤 데이터가 필요할까요?

(필요한 데이터에 동그라미를 그려 보세요)

| 사진(그림) | 글 | 숫자 | 소리(음성) |

2 ▶ 이 인공지능을 만들기 위해서는 어떤 모델을 선택해야 할까요?

(필요한 모델에 동그라미를 그려 보세요)

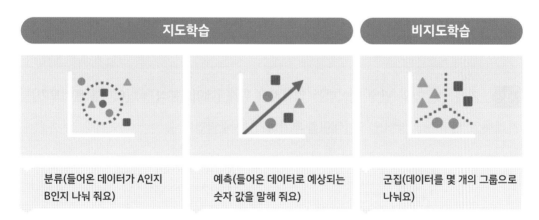

지도학습 / 비지도학습

분류(들어온 데이터가 A인지 B인지 나눠 줘요)

예측(들어온 데이터로 예상되는 숫자 값을 말해 줘요)

군집(데이터를 몇 개의 그룹으로 나눠요)

3 ▶ 이 인공지능에서 정답 값에 해당되는 데이터는 어떤 것인가요?

(정답 값에 동그라미를 그려 보세요)

(번호), (키), (몸무게), (판정 값)

4 ▶ 정답 값에 영향을 미치는 데이터는 어떤 것일까요?

(필요한 데이터에 모두 동그라미를 그려 보세요)

(번호), (키), (몸무게), (판정 값)

5 이 인공지능을 만들기 위한 데이터는 어떻게 수집할 수 있을까요?

(원하는 방법에 동그라미를 그려 보세요)

데이터를 손으로 입력해요.	데이터를 외부 장치 (카메라, 마이크)를 통해 입력해요.	인터넷에서 데이터를 찾아서 받아요.	또 다른 방법은?

6.4 모델 만들기

생각해 보기를 바탕으로 데이터를 입력하고 모델에 학습을 시켜 봅시다.

STEP 1 데이터 입력하기

• 이 예제에서는 데이터를 먼저 입력해야 합니다.

• 데이터는 직접 키보드로 입력합니다.

1 키와 몸무게와 판정 데이터를 입력하기 위해 **[데이터분석]** ➡ **[테이블 불러오기]**를 차례대로 선택하고 창이 뜨면 **[테이블 추가하기]**를 클릭합니다.

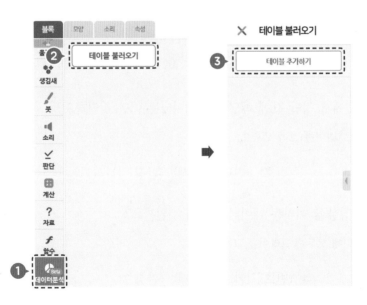

2 우리는 직접 데이터를 입력할 것이기 때문에 **[새로 만들기]** ➡ **[테이블 새로 만들기]** 를 차례대로 선택합니다.

3 다음과 같이 테이블의 이름과 데이터를 입력한 후에 **[저장하기]**를 누릅니다. 아래 그림에서는 8명만 보이지만 실제로 이 데이터는 20명의 번호, 키, 몸무게, 판정 값입니다. 판정 값은 체질량지수(BMI)로 분류되었습니다. 우리는 체질량지수를 구하는 법(규칙=공식)을 알고 있지만, 컴퓨터에 데이터와 결괏값만 주고 그 규칙을 발견하게 하려고 합니다.

	A	B	C	D	E	F	G	H	I
1	번호	키	몸무게	판정					
2	1	152	55	과체중					
3	2	160	55	보통					
4	3	162	41	저체중					
5	4	140	49	과체중					
6	5	166	60	보통					
7	6	164	67	과체중					
8	7	159	52	보통					
9	8	132	39	보통					
10	9	145	44	보통					
11	10	170	66	보통					
12	11	160	65	과체중					
13	12	149	55	과체중					
14	13	150	47	보통					
15	14	165	70	과체중					
16	15	152	40	저체중					
17	16	155	43	저체중					
18	17	160	64	과체중					
19	18	165	50	저체중					
20	19	152	40	저체중					

TIP

체질량지수는 자신의 몸무게(kg)를 키의 제곱(m^2)으로 나눈 값입니다. 18.5보다 작으면 저체중, 18.5~23은 정상 체중, 23보다 크면 과체중으로 분류합니다.

https://bit.ly/bmijpub에서 가상의 다양한 키와 몸무게를 넣고 판정된 값을 가지고 데이터를 입력할 수 있습니다.

4 데이터가 어떻게 퍼져 있는지 확인해 보기 위해 [**차트**] ➡ [**+**] ➡ [**점**]을 차례대로 선택합니다.

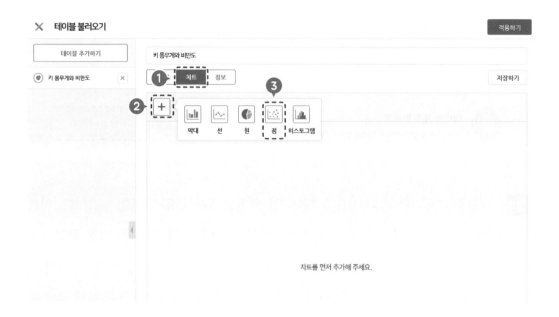

4 키와 몸무게를 가지고 어떤 결괏값이 나왔는지 확인하기 위해 가로축은 '키'로, 세로축은 '몸무게'로, 계열은 '판정'을 선택합니다. 저체중, 보통, 과체중의 데이터 색깔이 다르게 나타납니다. 데이터를 자세히 살펴보면 각각의 판정 값은 특정 영역에 몰려 있음을 확인할 수 있습니다. 이제 학습을 시켜서 이것을 컴퓨터가 실제로 찾아내게 해 봅시다. [**저장하기**] ➡ [**적용하기**]를 차례대로 선택합니다.

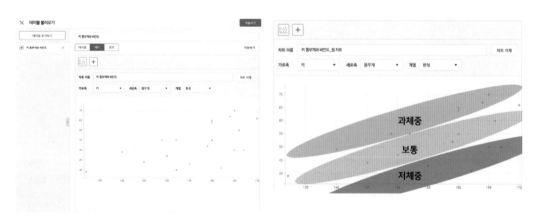

모델 선택하기

1 엔트리 만들기 화면에 접속한 후 **[인공지능]** ➡

[인공지능 모델 학습하기]를 클릭합니다.

2 학습할 모델 선택하기 창에서 **[분류:숫자(kNN)]**를 선택하고 **[학습하기]**를 클릭합니다.

3 모델 이름을 '비만도 분류 인공지능'으로 정합니다. **[테이블을 선택해 주세요.]**를 누르고 앞서 만든 테이블의 이름을 선택합니다.

4 우리가 앞서 입력한 데이터는 세 가지 속성값을 가지고 있었습니다. '번호', '키', '몸무게' 중 '판정' 값과 관련이 없을 만한 '번호'는 제외한 '키'와 '몸무게'를 핵심 속성에 끌어다 놓습니다. 클래스 속성은 '판정'으로 선택합니다. 우리는 '키'와 '몸무게' 데이터를 기준으로 '판정' 값이 나오는 규칙을 컴퓨터가 찾게 할 것입니다. 컴퓨터가 규칙을 찾는 방법은 다양합니다. 엔트리에서는 '최근접 이웃'이라는 방법으로 규칙을 찾을 것입니다. 이웃 개수가 10이라는 것은 새로운 데이터를 넣었을 때 그 데이터에서 가장 가까이 있는 데이터 10개가 어떤 판정 값을 가지는지 보고 가장 많은 판정 값을 가진 데이터를 새로운 데이터의 판정 값으로 보겠다는 뜻입니다.

1 [모델 학습하기] 버튼을 누르면 학습이 시작됩니다. '학습을 완료했습니다.'가 나오면 학습이 끝난 것입니다.

인공지능이 학습하는 동안 창을 그대로 두고 다른 작업을 하지 마세요. 다른 작업을 하면 학습하는 시간이 길어집니다.

2 인공지능이 잘 학습했는지 확인해 봅시다. 새로운 키와 몸무게 데이터를 입력하고 판정 값이 제대로 나오는지 확인해 봅니다. 새로운 데이터는 직접 체질량지수를 구하거나, 체질량지수 프로그램을 활용해서 넣을 수 있습니다. 이제 우리는 체질량지수를 구하는 법(규칙=공식)을 컴퓨터에 알려 주지 않았지만, 컴퓨터가 데이터와 결괏값만 주고 그 규칙을 발견하게 했습니다!

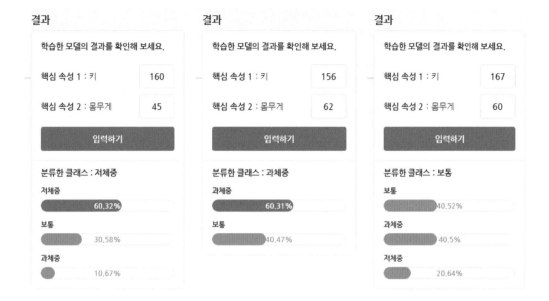

결과

학습한 모델의 결과를 확인해 보세요.

핵심 속성 1 : 키 `160`

핵심 속성 2 : 몸무게 `45`

입력하기

분류한 클래스 : 저체중

저체중
60.32%

보통
30.58%

과체중
10.67%

결과

학습한 모델의 결과를 확인해 보세요.

핵심 속성 1 : 키 `156`

핵심 속성 2 : 몸무게 `62`

입력하기

분류한 클래스 : 과체중

과체중
60.31%

보통
40.47%

결과

학습한 모델의 결과를 확인해 보세요.

핵심 속성 1 : 키 `167`

핵심 속성 2 : 몸무게 `60`

입력하기

분류한 클래스 : 보통

보통
40.52%

과체중
40.5%

저체중
20.64%

TIP

[체질량지수 구하기] 몸무게(kg)를 키(㎡)의 제곱으로 나눠서 18.5보다 작으면 저체중, 18.5~23은 정상 체중, 23보다 크면 과체중입니다.

[체질량지수 프로그램 활용] https://bit.ly/bmijpub에서 직접 가상의 다양한 키와 몸무게를 넣고 판정된 값이랑 우리가 학습한 인공지능이 얼마나 비슷한지 살펴보세요.

---

3 데이터 개수를 20개를 넣었기 때문에 정확도가 조금 낮을 수 있습니다. 새로운 데이터를 더 추가해서 학습을 시키면 더 정확해집니다. 적용하기 를 누르면 **[인공지능]** 카테고리에 내가 직접 학습시킨 인공지능 블록이 생기게 됩니다.

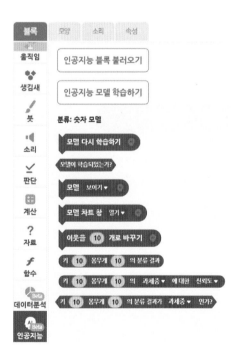

키 10 몸무게 10 의 분류 결과 •----• 입력한 데이터를 인공지능이 분류한 값을 나타냅니다.

키 10 몸무게 10 의 분류 결과가 과체중 ▼ 인가?

: 입력한 데이터의 인식 결과가 선택한 클래스인 경우 '참'으로 판단합니다.

키 10 몸무게 10 의 과체중 ▼ 에 대한 신뢰도 ▼

: 입력한 데이터로 분류한 클래스에 대한 신뢰도 값입니다. 0에서 1 사이의 값을 가지며, 높을수록
일치할 확률이 높다는 것을 나타냅니다.

모델 차트 창 열기 ▼ •------------• 입력한 데이터와 학습한 결과를 좌표 평면에서 보여주는
창을 열거나 닫습니다.

모델 보이기 ▼ •------------• 모델의 상태를 보여주는 창을 실행 화면에 보이게 하거나
숨깁니다.

모델이 학습되었는가? •------------• 모델이 학습되었다면 '참'을, 학습 중이거나 학습되지
않았다면 '거짓'으로 판단합니다.

이웃을 10 개로 바꾸기 •------• 이웃 개수를 입력한 값으로 바꾸어 설정합니다. 변경한 이웃
개수는 '모델 다시 학습하기' 블록으로 다시 학습을 할 때
적용됩니다.

모델 다시 학습하기 •------------• 모델을 다시 학습시킵니다.

사람들이 인공지능을 사용해서 문제를 쉽게 해결하도록 코딩을 해 봅시다.

STEP 1 오브젝트 준비하기

이름	꼬마 마법사	설정 버튼	리스트 버튼	교실 뒤(1)
카테고리	판타지	인터페이스	인터페이스	배경
x	150	-150	-200	0
y	-50	-100	-100	0
크기	100	50	50	375

1 오브젝트 목록 창에서 ✕를 눌러 '엔트리봇' 오브젝트를 삭제하고 ┃ + 오브젝트 추가하기 ┃
를 눌러 '꼬마 마법사, 설정 버튼, 리스트 버튼, 교실 뒤(1)' 오브젝트를 추가합니다.

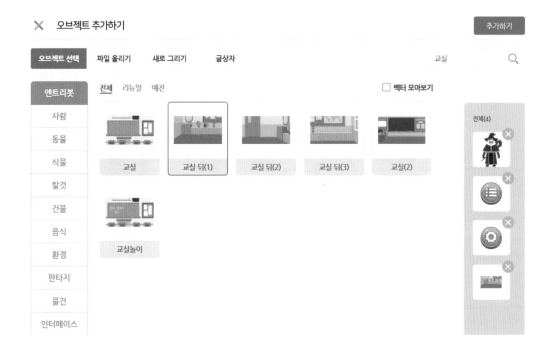

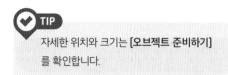 다음과 같이 오브젝트의 위치와 크기를 변경합니다.

> **✓ TIP**
> 자세한 위치와 크기는 **[오브젝트 준비하기]** 를 확인합니다.

STEP 2 코딩하기

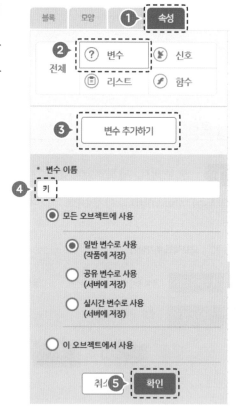

① 키, 몸무게를 저장할 변수를 만들어 봅시다. **[속성]** ➡ **[변수]** ➡ **[변수 추가하기]**를 누르고 변수 이름을 각각 '키', '몸무게'로 입력한 다음 **[확인]**을 누릅니다.

2 처음에는 각종 변수 창은 숨기고 사용법을 안내해 줄 수 있도록 '꼬마 마법사' 오브젝트를 클릭하고 '시작'의 `▶ 시작하기 버튼을 클릭했을 때` 아래에 '자료'의 `대답 숨기기 ▼ ?`, `변수 변수 ▼ 숨기기 ?` 를 가져오고 '생김새'의 `안녕! 을(를) 4 초 동안 말하기 ▼ ?` 를 연결하여 다음과 같이 코드를 작성합니다.

```
▶ 시작하기 버튼을 클릭했을 때
   대답 숨기기 ▼ ?
   변수 몸무게 ▼ 숨기기 ?
   변수 키 ▼ 숨기기 ?
   나를 클릭하면 키와 몸무게로 비만도를 알려줄게요! 을(를) 2 초 동안 말하기 ▼ ?
   리스트 버튼을 누르면 차트를 볼 수 있고, 설정 버튼을 누르면 학습을 다시 시킬 수 있어요. 을(를) 4 초 동안 말하기 ▼ ?
```

3 꼬마 마법사를 클릭하면 키와 몸무게를 입력받고 각 변수에 저장하도록 '시작'의 `◉ 오브젝트를 클릭했을 때` 를 가져옵니다. 그러고 나서 '자료'의 `안녕! 을(를) 묻고 대답 기다리기 ?`, `변수 ▼ 를 10 로 정하기 ?`, `대답` 을 가져와 다음과 같이 코드를 작성합니다.

```
◉ 오브젝트를 클릭했을 때
   키가 몇 cm인지 숫자로만 입력해 주세요. 을(를) 묻고 대답 기다리기 ?
   키 ▼ 를 대답 (으)로 정하기 ?
   몸무게를 숫자로만 입력해 주세요. 을(를) 묻고 대답 기다리기 ?
   몸무게 ▼ 를 대답 (으)로 정하기 ?
```

4 입력받은 키와 몸무게를 학습시킨 인공지능에게 입력해서 분류한 결과를 말하도록 '생김새'의 `안녕!` `을(를)` `4` `초 동안` `말하기 ▼` 를 연결하고 `안녕!` 에 '인공지능'의 `키` `10` `몸무게` `10` `의 분류 결과` 를 넣습니다. 앞의 `10` 에는 `키 ▼` `값` 을, 뒤의 `10` 에는 `몸무게 ▼` `값` 을 넣습니다.

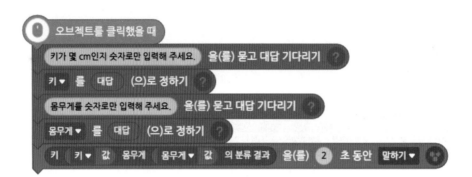

5 리스트 버튼을 누르면 차트를 보이게 하도록 '리스트 버튼' 오브젝트를 누르고 '시작'의 `오브젝트를 클릭했을 때` '인공지능'의 `모델 차트 창 열기 ▼` 를 연결합니다.

6 설정 버튼을 누르면 설정값을 바꿔서 학습을 다시 진행하도록 '설정 버튼' 오브젝트를 누르고 '시작'의 `오브젝트를 클릭했을 때`, '자료'의 `안녕! 을(를) 묻고 대답 기다리기`, `대답`, '인공지능'의 `이웃을 10 개로 바꾸기`, `모델 다시 학습하기` 를 가져와 다음과 같이 코드를 작성합니다. 이웃의 개수를 어떻게 바꾸느냐에 따라 인공지능의 성능이 조금씩 달라지게 됩니다.

```
오브젝트를 클릭했을 때
    몇 개의 이웃으로 학습을 시킬까요? 을(를) 묻고 대답 기다리기
    이웃을 대답 개로 바꾸기
    모델 다시 학습하기
```

7 ▶시작하기 를 누르고 키와 몸무게 데이터를 입력하면 비만도를 분류해 주는 것을 볼 수 있습니다.

6.6 정 리 하 기

- 숫자 데이터로 분류를 해 주는 인공지능을 만들어 보았습니다.
- 데이터와 결괏값을 입력하면 인공지능이 규칙을 찾을 수 있다는 것을 배웠습니다.

💡 더 나아가기

- 데이터를 더 입력해서 더 정확하게 분류하게 해 봅시다.
- 이웃 개수를 다양하게 바꿔 보면서 어떤 값이 더 정확하게 분류하는지 확인해 봅시다.

7.1 문제 살펴보기

발견한 문제	• 20년 동안의 인구 비율 데이터를 가지고 있어요. • 미래에는 유소년 인구가 어떻게 변할지 궁금해요.
인공지능으로 해결하기	• 정확한 규칙은 모르지만 지금까지의 인구 비율 데이터로 미래의 인구 비율을 예측하려고 해요.

7.2 인공지능 살펴보기

준비물	없음	예제 주소	

https://bit.ly/entryai207

1단계 소녀를 클릭하고 연도를 입력하면 미래 유소년 인구 비율을 알려 준다고 말하고 각 버튼의 사용법을 안내합니다.

2단계 미래 연도를 입력하면 몇 %가 유소년 인구인지 예측해 줍니다. 0%에 가까우면 0%라고 말합니다.

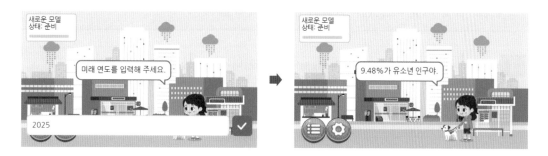

3단계 리스트 버튼을 누르면 '모델 차트 창'을 열어서 데이터의 모습을 보여주고 설정 버튼을 누르면 인공지능의 설정값을 바꿔서 새로 학습할 수 있게 합니다.

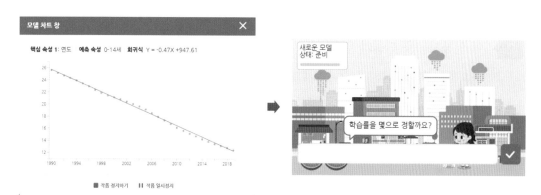

인공지능을 어떻게 만들 수 있을지 먼저 생각해 봅시다.

1 이 인공지능을 만들기 위해서는 어떤 데이터가 필요할까요?

(필요한 데이터에 동그라미를 그려 보세요)

| 사진(그림) | 글 | 숫자 | 소리(음성) |

2 이 인공지능을 만들기 위해서는 어떤 모델을 선택해야 할까요?

(필요한 모델에 동그라미를 그려 보세요)

지도학습 비지도학습

분류(들어온 데이터가 A인지 B인지 나눠 줘요)

예측(들어온 데이터로 예상되는 숫자 값을 말해 줘요)

군집(데이터를 몇 개의 그룹으로 나눠요)

3 이 인공지능에서 정답 값에 해당되는 데이터는 어떤 것인가요?

(정답 값에 동그라미를 그려 보세요)

(연도), (0~14세 인구 비율), (15~64세 인구 비율), (65세 이상 인구 비율)

4 정답 값에 영향을 미치는 데이터는 어떤 것일까요?

(필요한 데이터에 모두 동그라미를 그려 보세요)

(연도), (0~14세 인구 비율), (15~64세 인구 비율), (65세 이상 인구 비율)

5 이 인공지능을 만들기 위한 데이터는 어떻게 수집할 수 있을까요?

(원하는 방법에 동그라미를 그려 보세요)

| 데이터를 손으로 입력해요. | 데이터를 외부 장치 (카메라, 마이크)를 통해 입력해요. | 인터넷에서 데이터를 찾아서 받아요. | 또 다른 방법은? |

7.4 모델 만들기

생각해 보기를 바탕으로 데이터를 입력하고 모델에 학습을 시켜 봅시다.

STEP 1 데이터 입력하기

• 이 예제에서는 데이터를 먼저 입력해야 합니다.

• 데이터는 엔트리에서 미리 준비해 놓은 데이터를 불러와 활용합니다.

1 연도별 인구 비율 데이터를 입력하기 위해 **[데이터분석]** ➡ **[테이블 불러오기]**를 차례대로 선택하고 창이 뜨면 **[테이블 추가하기]**를 클릭합니다.

2 우리는 엔트리에서 미리 정리한 데이터를 사용할 것이기 때문에 '연령별/계층별 인구 구성비'를 선택하고 **[추가하기]**를 누릅니다.

3 이 데이터는 1990년부터 2019년까지 연령별 인구 구성비를 나타낸 자료입니다. 0~14세는 유소년 인구, 15~64세는 생산연령 인구, 65세 이상은 노령 인구입니다. 이 자료로 연도별로 유소년 인구 비율이 어떻게 변하는지 숫자로 확인할 수 있습니다.

4 데이터를 조금 더 시각적으로 살펴봅시다. **[차트]**를 클릭하면 시각적으로 자료를 확인할 수 있습니다. 유소년 인구는 계속 줄어들고 있는 것을 확인할 수 있습니다. 자세히 보면 줄어드는 모습이 선을 그어 놓은 것처럼 규칙적인 것을 볼 수 있습니다. 이 선을 찾으면 미래의 유소년 인구 비율도 대략 알 수 있을 것입니다. 이제 우리는 인공지능에게 그런 규칙적인 선을 찾아내도록 학습을 시켜 봅시다. [적용하기] 를 누릅니다.

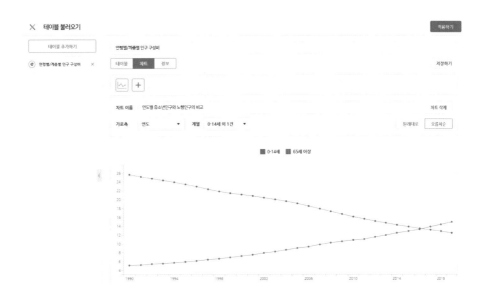

STEP 2 모델 선택하기

1 엔트리 만들기 화면에 접속한 후 **[인공지능]** ➡ **[인공지능 모델 학습하기]**를 클릭합니다.

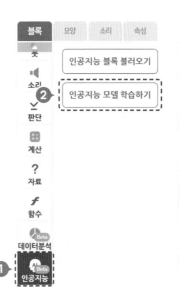

2 ‘학습할 모델 선택하기’ 창에서 [예측:숫자(선형회귀)]를 선택하고 [학습하기]를 클릭합니다.

3 모델 이름을 ‘미래 인구 예측 인공지능’으로 정합니다. [테이블을 선택해 주세요.]를 누르고 앞서 만든 테이블의 이름을 선택합니다.

4 우리가 앞서 입력한 데이터는 '연도', '0~14세', '15~64세', '65세' 이렇게 4가지 값을 가지고 있었습니다. 우리가 알고 싶은 결괏값은 '0~14세' 인구 비율이기 때문에 예측 속성에는 '0~14세'를 넣습니다. 우리는 특정 '연도'에 '0~14세' 인구 비율을 알고 싶기 때문에 핵심 속성에 '연도'를 넣습니다. 이제 컴퓨터가 '연도'와 '0~14세' 인구 데이터에서 '선형 회귀'라는 방법으로 규칙을 찾을 것입니다. 규칙을 나타내는 선을 계산해서 찾는 것이라고 보면 됩니다.

STEP 3 　학습하고 평가하기

1 [모델 학습하기] 버튼을 누르면 학습이 시작됩니다. '학습을 완료했습니다.'가 나오면 학습이 끝난 것입니다.

TIP
인공지능이 학습하는 동안 창을 그대로 두고 다른 작업을 하지 마세요. 다른 작업을 하면 학습하는 시간이 길어집니다.

2 학습한 결과를 그래프로 확인할 수 있습니다. 주황색 점이 우리가 원래 입력한 데이터이고, 파란색 선이 인공지능이 찾은 규칙입니다. 생각보다 규칙을 정확하게 찾지 못한 것 같습니다. 다시 학습을 시키기 위해 **[학습]** ➡ **[학습조건]**을 누릅니다.

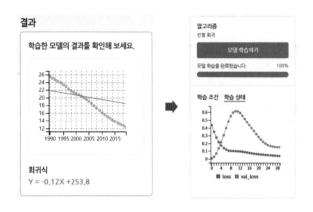

3 학습 조건 화면이 나오면 '에포크'를 30에서 '100'으로 바꿔 봅니다. 100번 반복해서 학습을 시키겠다는 뜻입니다. **[모델 학습하기]**를 누르면 우리가 입력한 데이터와 비슷한 규칙을 찾았습니다. 이제 이 규칙(파란색 선)으로 미래 유소년 인구 비율도 예측할 수 있습니다. 적용하기 를 누릅니다.

✓ TIP
에포크, 배치 크기, 학습률, 검증 데이터 비율을 다양하게 바꿔 가면서 결괏값이 어떻게 나오는지 확인해 보세요.

에포크(Epoch)

입력한 데이터 전체를 몇 번 반복하여 학습할지 정하는 부분입니다. 입력한 모든 데이터 전체를 한 번 학습하는 것을 1세대라고 불러요.

배치 크기(Batch Size)

입력한 데이터 전체를 얼마큼 작은 부분으로 쪼개서 학습할지 정하는 부분입니다

학습률(Learning Rate)

데이터를 얼마나 세세하게 학습할지를 정하는 부분입니다.

검증 데이터 비율(Validation Rate)

입력한 데이터 중 어느 정도 비율을 학습한 모델을 테스트하는 데에 사용할지 정하는 부분입니다. 검증 데이터 비율을 0.3으로 정했다면 10개의 데이터를 입력했을 때 7개는 학습용으로, 3개는 테스트용으로 사용하겠다는 뜻입니다.

STEP 4 인공지능 블록 알아보기

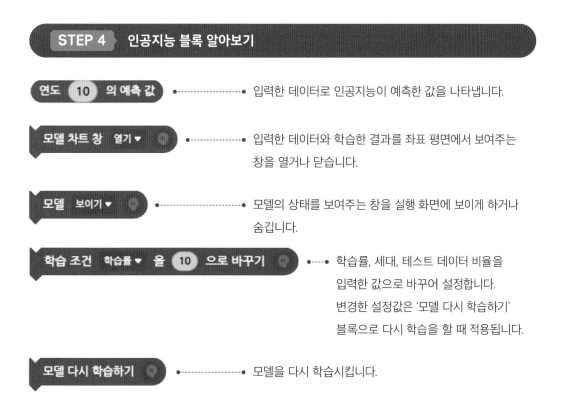

연도 10 의 예측 값 ●┄┄┄┄┄┄● 입력한 데이터로 인공지능이 예측한 값을 나타냅니다.

모델 차트 창 열기▼ ●┄┄┄┄┄● 입력한 데이터와 학습한 결과를 좌표 평면에서 보여주는 창을 열거나 닫습니다.

모델 보이기▼ ●┄┄┄┄┄● 모델의 상태를 보여주는 창을 실행 화면에 보이게 하거나 숨깁니다.

학습 조건 학습률▼ 을 10 으로 바꾸기 ●┄┄● 학습률, 세대, 테스트 데이터 비율을 입력한 값으로 바꾸어 설정합니다. 변경한 설정값은 '모델 다시 학습하기' 블록으로 다시 학습을 할 때 적용됩니다.

모델 다시 학습하기 ●┄┄┄┄┄● 모델을 다시 학습시킵니다.

7.5 코딩하기

사람들이 인공지능을 사용해서 문제를 쉽게 해결하도록 코딩을 해 봅시다.

STEP 1 오브젝트 준비하기

이름	소녀(3)	설정 버튼	리스트 버튼	미래 도시
카테고리	사람	인터페이스	인터페이스	배경
x	100	-150	-200	0
y	-75	-100	-100	0
크기	100	50	50	375

1 오브젝트 목록 창에서 ✕를 눌러 '엔트리봇' 오브젝트를 삭제하고 + 오브젝트 추가하기 를 눌러 '소녀(3), 설정 버튼, 리스트 버튼, 교실 뒤(1)' 오브젝트를 추가합니다.

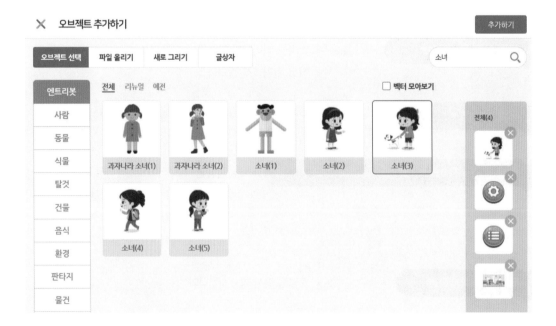

2 다음과 같이 오브젝트의 위치와 크기를 변경합니다.

✅ **TIP**
자세한 위치와 크기는 **[오브젝트 준비하기]** 를 확인합니다.

STEP 2 코딩하기

1 처음에 대답 창은 숨기고 사용법을 안내하도록 '소녀(3)' 오브젝트를 클릭하고 '시작'의 ▶ `시작하기 버튼을 클릭했을 때` 아래에 '자료'의 `대답 숨기기 ▾ ?` 를 가져오고, '생김새'의 `안녕! 을(를) 4 초 동안 말하기 ▾ 🐾` 를 연결하여 다음과 같이 코드를 작성합니다.

```
▶ 시작하기 버튼을 클릭했을 때
대답 숨기기 ▾ ?
  나를 클릭하면 미래의 유소년 인구 비율을 예측해줄게요!  을(를)  2  초 동안  말하기 ▾  🐾
  리스트 버튼을 누르면 차트를 볼 수 있고, 설정 버튼을 누르면 학습을 다시 시킬 수 있어요.  을(를)  4  초 동안  말하기 ▾  🐾
```

2 소녀를 클릭하면 미래 연도를 입력받고 예측값을 말해 주도록 '시작'의 `오브젝트를 클릭했을 때` 를 가져오고, '생김새'의 `안녕! 을(를) 4 초 동안 말하기 ▾ 🐾`, '자료'의 `안녕! 을(를) 묻고 대답 기다리기 ?`, `대답`, '계산'의 `안녕! 과(와) 엔트리 를 합치기`, '인공지능'의 `연도 10 의 예측 값` 을 가져와 다음과 같이 코드를 작성합니다.

```
◉ 오브젝트를 클릭했을 때
미래 연도를 입력해 주세요.  을(를) 묻고 대답 기다리기  ?
대답  과(와)  년에는  를 합치기  을(를)  2  초 동안  말하기 ▾  🐾
연도  대답  의 예측 값  과(와)  %가 유소년 인구야.  를 합치기  을(를)  2  초 동안  말하기 ▾  🐾
```

3 ▶시작하기 와 소녀를 차례대로 누르고 연도로 2050을 입력하면 약 9%가 2050년의 유소년 인구 비율이라고 예측해 줍니다. 그런데 연도로 2100을 입력하면 약 –25%라는 값을 말합니다.

4 인구 비율이 마이너스가 되는 경우는 없기 때문에 예측한 값이 0과 같거나 작으면 0%라고 말하게 해 봅시다. '흐름'의 [만일 참 이라면 / 아니면], '판단'의 [10 > 10], '자료'의 [대답], '인공지능'의 [연도 10 의 예측 값], '생김새'의 [안녕! 을(를) 4 초 동안 말하기▼] 를 가져와 다음과 같이 코드를 작성합니다.

5 리스트 버튼을 누르면 차트를 보이게 하도록 '리스트 버튼' 오브젝트를 누르고 '시작'의 [오브젝트를 클릭했을 때], '인공지능'의 [모델 차트 창 열기▼] 를 연결합니다.

6 설정 버튼을 누르면 설정값을 바꿔서 학습을 다시 진행하도록 '설정 버튼' 오브젝트를 누르고 '시작'의 〔 오브젝트를 클릭했을 때 〕, '자료'의 〔 안녕! 을(를) 묻고 대답 기다리기 〕, 〔 대답 〕, '인공지능'의 〔 학습 조건 학습률 ▾ 을 10 으로 바꾸기 〕, 〔 모델 다시 학습하기 〕를 가져와 다음과 같이 코드를 작성합니다. 학습률, 세대, 테스트 데이터 비율을 어떻게 바꾸느냐에 따라 인공지능의 성능이 조금씩 달라지게 됩니다.

〔 오브젝트를 클릭했을 때 〕
〔 학습률을 몇으로 정할까요? 을(를) 묻고 대답 기다리기 〕
〔 학습 조건 학습률 ▾ 을 대답 으로 바꾸기 〕
〔 세대를 몇으로 정할까요? 을(를) 묻고 대답 기다리기 〕
〔 학습 조건 세대 ▾ 을 대답 으로 바꾸기 〕
〔 테스트 데이터 비율을 몇으로 정할까요? 을(를) 묻고 대답 기다리기 〕
〔 학습 조건 테스트 데이터 비율 ▾ 을 대답 으로 바꾸기 〕
〔 모델 다시 학습하기 〕

7 〔 ▶ 시작하기 〕와 누르고 연도를 입력하면 미래 유소년 인구를 예측해 주는 것을 볼 수 있습니다.

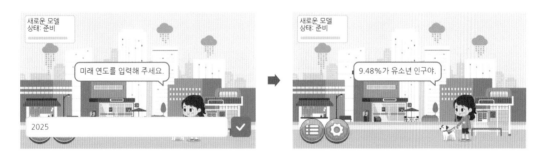

- 숫자 데이터로 예측을 해 주는 인공지능을 만들어 보았습니다.
- 데이터와 결괏값을 입력하면 인공지능이 규칙을 찾을 수 있다는 것을 배웠습니다.

💡 더 나아가기

- 설정값(학습 조건)을 다양하게 바꾸면서 설정값을 이해해 봅시다.
- 연도에 따른 노령 인구를 예측해 봅시다.

아이스크림 판매량을 예측하는 인공지능 만들기

8.1 문제 살펴보기

발견한 문제	• 100일 동안의 아이스크림 판매량 데이터를 가지고 있어요. • 오늘은 아이스크림 몇 개를 미리 준비해 놓아야 할까요?
인공지능으로 해결하기	• 정확한 규칙은 모르지만 지금까지의 아이스크림 판매 데이터로 오늘 팔릴 아이스크림 개수를 예측하려고 해요.

8.2 인공지능 살펴보기

준비물	없음	예제 주소	

https://bit.ly/entryai208

1단계 아이스크림 판매 개수를 예측해 준다고 말하고 각 버튼의 사용법을 안내합니다.

2단계 새로고침 버튼을 누르면 학습을 하고, 오늘의 영업시간과 최고기온을 입력하면 오늘 팔릴 아이스크림 개수를 예측해서 말합니다.

3단계 설정 버튼을 누르면 인공지능의 설정값(학습 조건)을 바꿉니다.

8.3 생각해 보기

인공지능을 어떻게 만들 수 있을지 먼저 생각해 봅시다.

1 이 인공지능을 만들기 위해서는 어떤 데이터가 필요할까요?

(필요한 데이터에 동그라미를 그려 보세요)

사진(그림)	글	숫자	소리(음성)

2 이 인공지능을 만들기 위해서는 어떤 모델을 선택해야 할까요?

(필요한 모델에 동그라미를 그려 보세요)

지도학습		비지도학습
분류(들어온 데이터가 A인지 B인지 나눠 줘요)	예측(들어온 데이터로 예상되는 숫자 값을 말해 줘요)	군집(데이터를 몇 개의 그룹으로 나눠요)

3 이 인공지능에서 정답 값에 해당되는 데이터는 어떤 것인가요?

(정답 값에 동그라미를 그려 보세요)

(번호), (영업시간), (최고기온), (하루 판매량)

4 정답 값에 영향을 미치는 데이터는 어떤 것일까요?

(필요한 데이터에 모두 동그라미를 그려 보세요)

(번호), (영업시간), (최고기온), (하루 판매량)

5 이 인공지능을 만들기 위한 데이터는 어떻게 수집할 수 있을까요?

(원하는 방법에 동그라미를 그려 보세요)

데이터를 손으로 입력해요.	데이터를 외부 장치 (카메라, 마이크)를 통해 입력해요.	인터넷에서 데이터를 찾아서 받아요.	또 다른 방법은?

8.4 모델 만들기

생각해 보기를 바탕으로 데이터를 입력하고 모델에 학습을 시켜 봅시다.

STEP 1 데이터 입력하기

• 이 예제에서는 데이터를 먼저 입력해야 합니다.

• 데이터는 인터넷에서 다운로드하여 입력합니다.

1 아이스크림 판매량 데이터를 다운로드하기 위해 https://bit.ly/datajpub에 접속하고 [파일] ➡ [다운로드] ➡ [Microsoft Excel]을 차례대로 눌러 파일을 다운로드합니다.

2 다운로드한 데이터를 입력하기 위해 [데이터분석] ➡ [테이블 불러오기]를 차례대로 선택하고 창이 뜨면 [테이블 추가하기]를 클릭합니다.

3 우리는 미리 다운로드한 데이터를 사용할 것이기 때문에 [파일 올리기]를 선택하고 [파일 선택]을 눌러 다운로드한 파일을 불러옵니다.

4 잠시 기다리면 파일이 업로드됩니다. **[추가하기]**를 선택합니다.

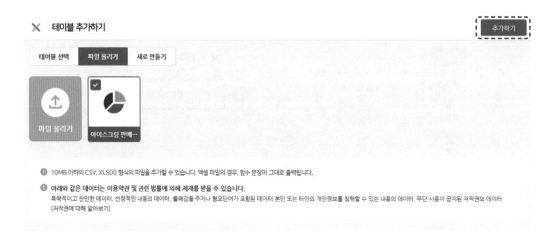

5 이 데이터는 100일간 그날의 영업시간과 최고기온, 하루 아이스크림 판매량을 기록한 자료입니다. 번호는 기록한 순서를 나타냅니다.

6 데이터를 조금 더 시각적으로 살펴봅시다. **[차트]** ➡ **[+]** ➡ **[점]**을 차례대로 선택하고 가로축은 '영업시간', 세로축은 '하루 판매량', 계열은 '구분하지 않음'을 선택합니다.

영업시간이 길수록 하루 판매량도 대체로 많아지는 것을 확인할 수 있습니다. 이후에 학습을 시켜서 이런 규칙을 컴퓨터가 실제로 찾아내게 해 볼 것입니다.

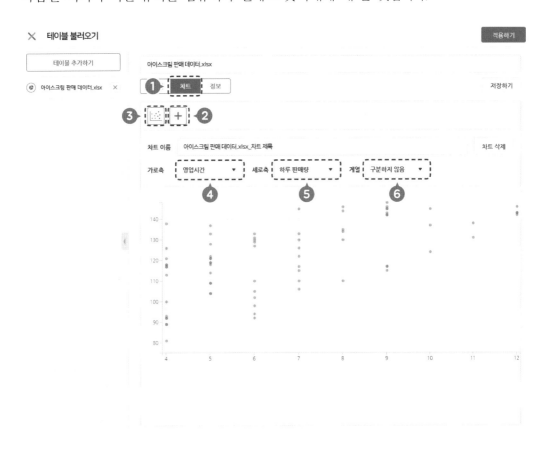

7 차트를 하나 더 추가해 봅시다. [+] ➡ [점]을 차례대로 선택하고 가로축은 '최고 기온', 세로축은 '하루 판매량', 계열은 '구분하지 않음'을 선택합니다.

최고기온이 높을수록 하루 판매량도 대체로 많아지는 것을 확인할 수 있습니다. 이것도 학습을 시켜서 규칙을 컴퓨터가 실제로 찾아내게 해 볼 것입니다.

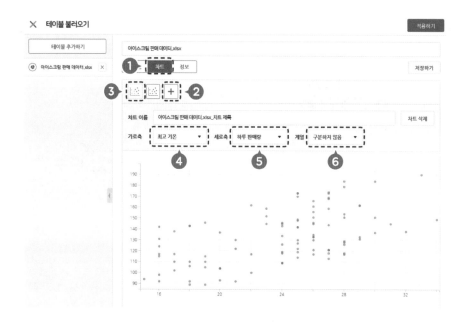

STEP 2 모델 선택하기

1 엔트리 만들기 화면에 접속한 후 [인공지능] ➡ [인공지능 모델 학습하기]를 클릭합니다.

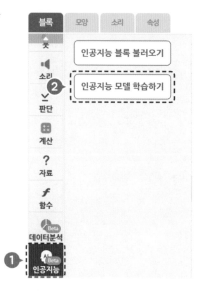

2 '학습할 모델 선택하기' 창에서 [예측:숫자(선형회귀)]를 선택하고 [학습하기]를 클릭합니다.

3 모델 이름을 '아이스크림 판매량 예측 인공지능'으로 정합니다. [테이블을 선택해 주세요.]를 누르고 앞서 만든 테이블의 이름을 선택합니다.

4 우리가 앞서 살펴본 데이터는 '번호', '영업시간', '최고기온', '하루 판매량' 이렇게 5가지 값을 가지고 있었습니다. 우리는 특정 '영업시간'과 '최고기온'일 때 '하루 판매량'을 알고 싶기 때문에 핵심 속성에는 '영업시간', '최고기온'을, 예측 속성에는 '하루 판매량'을 넣습니다. 이제 컴퓨터가 규칙을 찾을 것입니다.

STEP 3 학습하고 평가하기

1 [모델 학습하기] 버튼을 누르면 학습이 시작됩니다. '학습을 완료했습니다.'가 나오면 학습이 끝난 것입니다.

TIP
인공지능이 학습하는 동안 창을 그대로 두고 다른 작업을 하지 마세요. 다른 작업을 하면 학습하는 시간이 길어집니다.

2 핵심 속성이 2개 이상인 경우 학습한 결과를 그래프로 확인할 수 없습니다. 적용하기 를 클릭합니다.

결과

학습한 모델의 결과를 확인해 보세요.

핵심 속성이 2개 이상
이라 2차원 좌표평면의
차트로 표현할 수 없어
요.
작품에서 직접 모델을
확인해 보세요.

회귀식
$Y = 6.89X + 1.23X^2 + 55.52$

8.5 코딩하기

사람들이 인공지능을 사용해서 문제를 쉽게 해결하도록 코딩을 해 봅시다.

STEP 1   오브젝트 준비하기

이름	소년(3)	소프트 아이스크림	설정 버튼	새로고침 버튼	길거리
카테고리	사람	음식	인터페이스	인터페이스	배경
x	185	160	-150	-200	0
y	-65	-70	-100	-100	0
크기	100	50	50	50	375

1 　오브젝트 목록 창에서 ✕를 눌러 '엔트리봇' 오브젝트를 삭제하고 [+ 오브젝트 추가하기] 를 눌러 '소년(3), 소프트 아이스크림, 설정 버튼, 새로고침 버튼, 길거리' 오브젝트를 추가합니다.

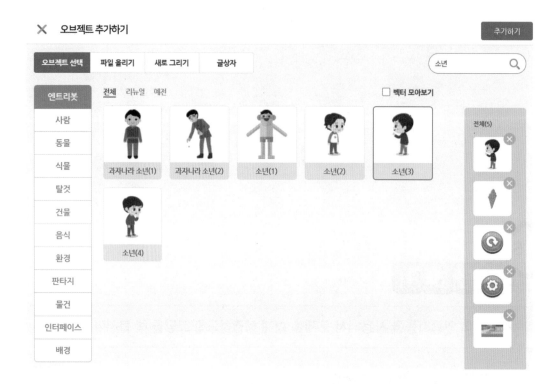

2 　다음과 같이 오브젝트의 위치와 크기를 변경합니다.

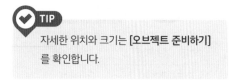
자세한 위치와 크기는 **[오브젝트 준비하기]**를 확인합니다.

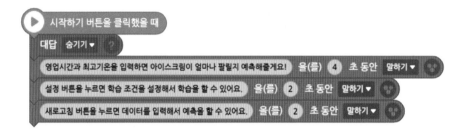

1 처음에 대답 창은 숨기고 사용법을 안내하도록 '소년(3)' 오브젝트를 클릭하고 '시작'의 ▶ 시작하기 버튼을 클릭했을 때 아래에 '자료'의 대답 숨기기 ▼ 를 가져오고, '생김새'의 안녕! 을(를) 4 초 동안 말하기 ▼ 를 연결하여 다음과 같이 코드를 작성합니다.

▶ 시작하기 버튼을 클릭했을 때
대답 숨기기 ▼
영업시간과 최고기온을 입력하면 아이스크림이 얼마나 팔릴지 예측해줄게요! 을(를) 4 초 동안 말하기 ▼
설정 버튼을 누르면 학습 조건을 설정해서 학습을 할 수 있어요. 을(를) 2 초 동안 말하기 ▼
새로고침 버튼을 누르면 데이터를 입력해서 예측을 할 수 있어요. 을(를) 2 초 동안 말하기 ▼

2 최고기온과 영업시간을 저장할 변수를 만들어 봅시다. [속성] ➡ [변수] ➡ [변수 추가하기]를 누르고 변수 이름을 '최고기온'으로 입력한 다음 [확인]을 누릅니다. 같은 방식으로 '영업시간' 변수도 만듭니다.

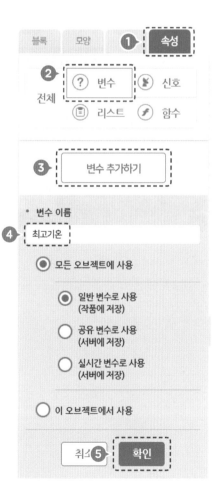

3 새로고침 버튼을 클릭하면 영업시간과 최고기온을 입력받아 변수에 저장하게 해 봅시다. '새로고침 버튼' 오브젝트를 클릭하고 '시작'의 ⬤ 오브젝트를 클릭했을 때 를 가져오고, '자료'의 안녕! 을(를) 묻고 대답 기다리기 ？ , 변수 ▼ 를 10 로 정하기 ？ , 대답 을 가져와 다음과 같이 코드를 작성합니다.

⬤ 오브젝트를 클릭했을 때
　오늘 영업을 몇 시간 할 것인가요? 을(를) 묻고 대답 기다리기 ？
　영업시간 ▼ 를 대답 (으)로 정하기 ？
　오늘 최고기온은 몇 도인가요? 을(를) 묻고 대답 기다리기 ？
　최고기온 ▼ 를 대답 (으)로 정하기 ？

4 입력받은 데이터로 예측을 하도록 '생김새'의 안녕! 을(를) 4 초 동안 말하기 ▼ 🐾 를 연결하고 안녕! 에 '계산'의 안녕! 과(와) 엔트리 를 합치기 를 넣습니다. 합치기의 안녕! 에는 '인공지능'의 영업시간 10 최고 기온 10 의 예측 값 을 넣고 각 10 에는 영업시간 ▼ 값 , 최고기온 ▼ 값 을 넣은 후 다음과 같이 코드를 작성합니다.

⬤ 오브젝트를 클릭했을 때
　오늘 영업을 몇 시간 할 것인가요? 을(를) 묻고 대답 기다리기 ？
　영업시간 ▼ 를 대답 (으)로 정하기 ？
　오늘 최고기온은 몇 도인가요? 을(를) 묻고 대답 기다리기 ？
　최고기온 ▼ 를 대답 (으)로 정하기 ？
　영업시간 영업시간 ▼ 값 최고 기온 최고기온 ▼ 값 의 예측 값 과(와) 개가 팔릴것으로 예측됩니다. 를 합치기 을(를) 4 초 동안 말하기 ▼ 🐾

5 설정 버튼을 누르면 설정값을 바꿔서 학습을 다시 진행하도록 '설정 버튼' 오브젝트를 누르고 '시작'의 `오브젝트를 클릭했을 때`, '자료'의 `안녕! 을(를) 묻고 대답 기다리기 ?`, `대답`, '인공지능'의 `학습 조건 학습률 ▼ 을 10 으로 바꾸기`, `모델 다시 학습하기`를 가져와 다음과 같이 코드를 작성합니다. 학습률, 세대, 테스트 데이터 비율을 어떻게 바꾸느냐에 따라 인공지능의 성능이 조금씩 달리지게 됩니다.

```
오브젝트를 클릭했을 때
  학습률을 몇으로 정할까요? 을(를) 묻고 대답 기다리기 ?
  학습 조건 학습률 ▼ 을 대답 으로 바꾸기
  세대를 몇으로 정할까요? 을(를) 묻고 대답 기다리기 ?
  학습 조건 세대 ▼ 을 대답 으로 바꾸기
  테스트 데이터 비율을 몇으로 정할까요? 을(를) 묻고 대답 기다리기 ?
  학습 조건 테스트 데이터 비율 ▼ 을 대답 으로 바꾸기
  모델 다시 학습하기
```

6 `▶ 시작하기`와 누르고 최고기온과 영업시간을 입력하면 아이스크림 판매량을 예측해 주는 것을 볼 수 있습니다.

- 숫자 데이터로 예측을 해 주는 인공지능을 만들어 보았습니다.
- 두 개 이상의 핵심 속성으로 예측을 해 주는 인공지능을 만들어 보았습니다.
- 데이터와 결괏값을 입력하면 인공지능이 규칙을 찾을 수 있다는 것을 배웠습니다.

 더 나아가기

- 설정값(학습 조건)을 다양하게 바꾸면서 설정값을 이해해 봅시다.

9 체급을 나누는 인공지능 만들기

9.1 문제 살펴보기

발견한 문제	• 태권도 대회에 100명의 선수가 등록을 했어요. • 비슷한 키, 몸무게를 가진 사람들끼리 겨루기를 하려는데 어떻게 그룹을 나눠야 할지 모르겠어요.
인공지능으로 해결하기	• 자동으로 키나 몸무게가 비슷한 사람들을 묶어서 체급을 나누려고 해요.

9.2 인공지능 살펴보기

준비물	없음	예제 주소	
			https://bit.ly/entryai209

1단계 인공지능 사용법을 안내합니다.

학습 9 체급을 나누는 인공지능 만들기 **201**

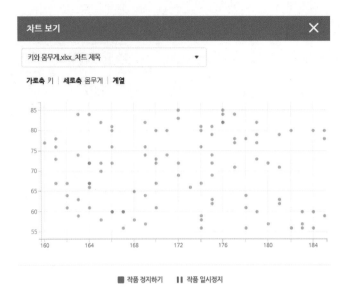

2단계 엔트리봇을 클릭하면 처음에 입력된 키와 몸무게 데이터를 차트 형태로 보여줍니다.

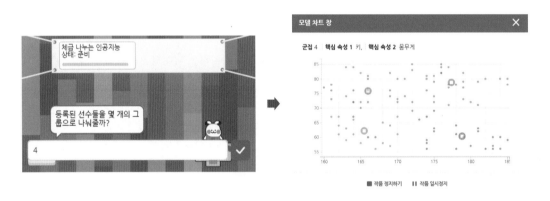

3단계 선택 버튼을 누르면 숫자를 입력받고 입력한 숫자만큼 체급을 나눈 후에 결과를 보여줍니다.

인공지능을 어떻게 만들 수 있을지 먼저 생각해 봅시다.

1 이 인공지능을 만들기 위해서는 어떤 데이터가 필요할까요?

(필요한 데이터에 동그라미를 그려 보세요)

| 사진(그림) | 글 | 숫자 | 소리(음성) |

2 이 인공지능을 만들기 위해서는 어떤 모델을 선택해야 할까요?

(필요한 모델에 동그라미를 그려 보세요)

지도학습   비지도학습

분류(들어온 데이터가 A인지 B인지 나눠 줘요)

예측(들어온 데이터로 예상되는 숫자 값을 말해 줘요)

군집(데이터를 몇 개의 그룹으로 나눠요)

3 이 인공지능은 어떤 기준으로 데이터를 나누면 좋을까요?

(필요한 기준에 모두 동그라미를 그려 보세요)

(학교 이름), (키), (몸무게)

4 이 인공지능을 만들기 위한 데이터는 어떻게 수집할 수 있을까요?

(원하는 방법에 동그라미를 그려 보세요)

| 데이터를 손으로 입력해요. | 데이터를 외부 장치 (카메라, 마이크)를 통해 입력해요. | 인터넷에서 데이터를 찾아서 받아요. | 또 다른 방법은? |

9.4 모델 만들기

생각해 보기를 바탕으로 데이터를 입력하고 모델에 학습을 시켜 봅시다.

STEP 1 데이터 입력하기

- 이 예제에서는 데이터를 먼저 입력해야 합니다.
- 데이터는 인터넷에서 다운로드하여 입력합니다.

1 키와 몸무게 데이터를 다운로드하기 위해 https://bit.ly/datajpub2에 접속하고 [파일] ➡ [다운로드] ➡ [Microsoft Excel]을 차례대로 눌러 파일을 다운로드합니다.

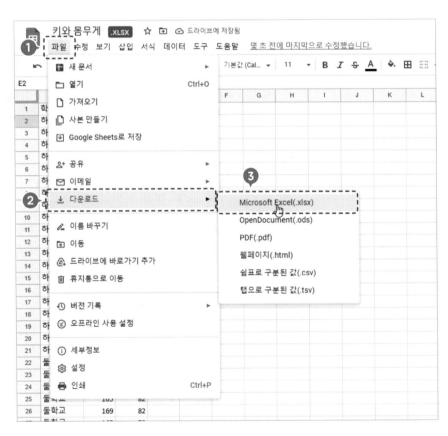

2 ▶ 다운로드한 데이터를 입력하기 위해 **[데이터분석] ➡ [테이블 불러오기]**를 차례대로 선택하고 창이 뜨면 **[테이블 추가하기]**를 클릭합니다.

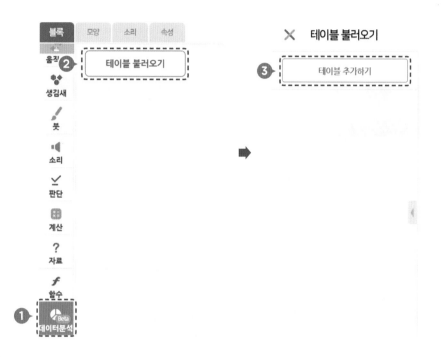

3 ▶ 우리는 미리 다운로드한 데이터를 사용할 것이기 때문에 **[파일 올리기]**를 선택하고 **[파일 선택]**을 눌러 다운로드한 파일을 불러옵니다.

4 잠시 기다리면 파일이 업로드됩니다. **[추가하기]**를 선택합니다.

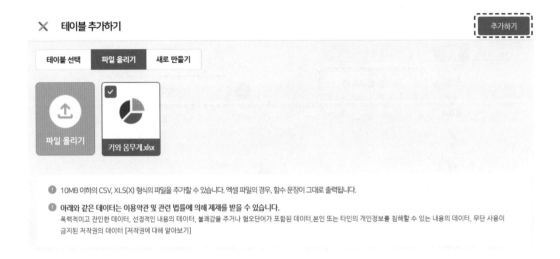

5 이 데이터는 태권도 대회에 참여한 선수 100명의 학교 이름, 키, 몸무게를 기록한 자료입니다.

6 데이터를 조금 더 시각적으로 살펴봅시다. **[차트]** ➡ **[+]** ➡ **[점]**을 차례대로 선택하고, 가로축은 '키', 세로축은 '몸무게', 계열은 '구분하지 않음'을 선택합니다.

데이터가 골고루 퍼져 있는 것을 볼 수 있습니다. 이제 학습을 시켜서 컴퓨터가 데이터를 몇 개의 그룹으로 나눠 보게 해 볼 것입니다. [적용하기]를 클릭합니다.

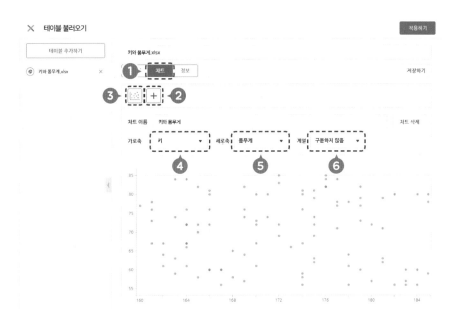

STEP 2　**모델 선택하기**

1 엔트리 만들기 화면에 접속한 후 **[인공지능]** ➡ **[인공지능 모델 학습하기]**를 클릭합니다.

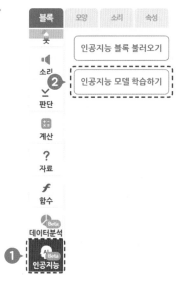

2 학습할 모델 선택하기 창에서 **[군집:숫자(k-평균)]**을 선택하고 **[학습하기]**를 클릭합니다.

3 모델 이름을 '체급 나누는 인공지능'으로 정합니다. **[테이블을 선택해 주세요.]**를 누르고 앞서 만든 테이블의 이름을 선택합니다.

4 우리가 앞서 살펴본 데이터는 '학교 이름', '키', '몸무게' 이렇게 3가지 값을 가지고 있었습니다. 우리는 '키'와 '몸무게'를 기준으로 몇 개의 그룹을 나누고 싶기 때문에 핵심 속성에는 '키', '몸무게'를 넣습니다. 군집 개수는 몇 개로 그룹을 나눌 것인지 정하는 것입니다. 일단은 4개로 정해 봅시다. 중심점 기준은 가장 먼 거리로 선택합니다.

가장 먼 거리: 가장 많이 떨어져 있는 데이터 K개부터 시작하여 주변의 가까운 데이터를 군집화합니다.

무작위: 무작위로 선택한 데이터 K개부터 시작하여 주변의 가까운 데이터를 군집화합니다.

STEP 3 학습하고 평가하기

1 [모델 학습하기] 버튼을 누르면 학습이 시작됩니다. '학습을 완료했습니다.'가 나오면 학습이 끝난 것입니다.

TIP
인공지능이 학습하는 동안 창을 그대로 두고 다른 작업을 하지 마세요. 다른 작업을 하면 학습하는 시간이 길어집니다.

2 결과를 보면 우리가 입력한 데이터를 4개의 그룹으로 나눈 것을 확인할 수 있습니다. 중심점은 각 그룹의 중앙에 있는 데이터의 값입니다.

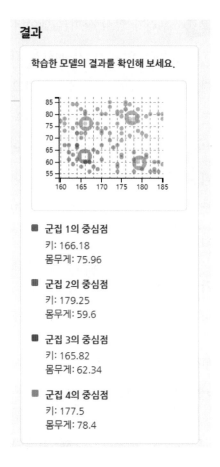

3 군집 개수를 2개, 3개로 바꿔서 학습을 시켜 보고 결과가 어떻게 달라지는지 확인해 봅시다. 자유롭게 개수를 바꾼 후에 적용하기 를 클릭합니다.

STEP 4　인공지능 블록 알아보기

모델이 학습되었는가?　•┄┄┄┄┄┄•　모델이 학습되었다면 '참'을, 학습 중이거나 학습되지
　　　　　　　　　　　　　　　　않았다면 '거짓'으로 판단합니다.

군집을　10　개로 바꾸기　　•┄┄•　군집의 개수를 입력한 값으로 바꾸어 설정합니다.
　　　　　　　　　　　　　　　　'모델 다시 학습하기' 블록으로 모델을 다시 학습할 때부터
　　　　　　　　　　　　　　　　적용됩니다.

테이블　테이블▼　의　차트▼　차트 창 열기　　•┄•　선택한 테이블의 차트 창을 엽니다.

9.5 코딩하기

사람들이 인공지능을 사용해서 문제를 쉽게 해결하도록 코딩을 해 봅시다.

STEP 1　오브젝트 준비하기

		선택	
이름	블록왕 엔트리봇	선택 버튼	학교 강당
카테고리	엔트리봇	인터페이스	배경
x	150	-200	0
y	-80	-100	0
크기	100	50	375

1 오브젝트 목록 창에서 ✕를 눌러 '엔트리봇' 오브젝트를 삭제하고 ⌈ + 오브젝트 추가하기 ⌉를 눌러 '블록왕 엔트리봇, 선택 버튼, 학교 강당' 오브젝트를 추가합니다.

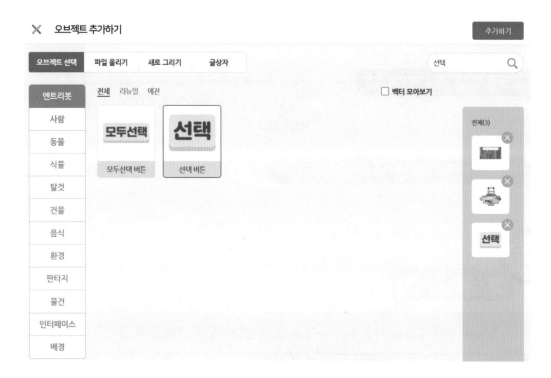

2 다음과 같이 오브젝트의 위치와 크기를 변경합니다.

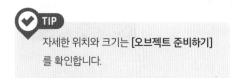
TIP
자세한 위치와 크기는 [오브젝트 준비하기]를 확인합니다.

1 처음에 대답 창은 숨기고 사용법을 안내하도록 '블록왕 엔트리봇' 오브젝트를 클릭하고 '시작'의 ▶ 시작하기 버튼을 클릭했을 때 아래에 '자료'의 대답 숨기기 ▾ ? 를 가져오고, '생김새'의 안녕! 을(를) 4 초 동안 말하기 ▾ 🔊 를 연결하여 다음과 같이 코드를 작성합니다.

▶ 시작하기 버튼을 클릭했을 때
대답 숨기기 ▾ ?
태권도 대회에서 비슷한 키, 몸무게끼리 겨룰 수 있어야겠지? 을(를) 4 초 동안 말하기 ▾ 🔊
나를 클릭하면 등록한 선수들의 키와 몸무게를 볼 수 있어. 을(를) 4 초 동안 말하기 ▾ 🔊
선택을 누르면 입력한 숫자만큼 체급을 나눠줄게! 을(를) 4 초 동안 말하기 ▾ 🔊

2 엔트리봇을 클릭하면 입력된 키와 몸무게 데이터를 차트 형태로 보여주도록 '시작'의 ◉ 오브젝트를 클릭했을 때 와 '데이터 분석'의 테이블 키와 몸무게.xlsx ▾ 의 키와 몸무게 ▾ 차트 창 열기 ◉ 를 가져와 연결합니다.

◉ 오브젝트를 클릭했을 때
테이블 키와 몸무게.xlsx ▾ 의 키와 몸무게 ▾ 차트 창 열기 ◉

3 선택 버튼을 클릭하면 숫자를 입력받아 입력한 숫자만큼 그룹을 나누게 해 봅시다. '선택 버튼' 오브젝트를 클릭하고 '시작'의 ◉ 오브젝트를 클릭했을 때 를 가져오고, '자료'의 안녕! 을(를) 묻고 대답 기다리기 ? , 대답 , '인공지능'의 군집을 10 개로 바꾸기 ◉ , 모델 다시 학습하기 ◉ 를 가져와 다음과 같이 코드를 작성합니다.

◉ 오브젝트를 클릭했을 때
등록된 선수들을 몇 개의 그룹으로 나눠줄까? 을(를) 묻고 대답 기다리기 ?
군집을 대답 개로 바꾸기 ◉
모델 다시 학습하기 ◉

4 학습이 완료가 되면 차트 창을 열도록 '흐름'의 [창 이(가) 될 때까지 기다리기 ∧]의 [참]에 '인공지능'의 [모델이 학습되었는가?]를 넣고, [모델 차트 창 열기 ▼]를 아래에 연결합니다.

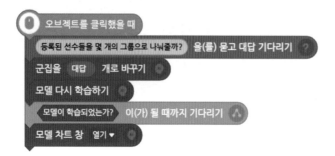

6 [▶ 시작하기]를 누르고 숫자를 입력하면 입력한 숫자만큼 체급을 나눈 다음 결과를 보여줍니다.

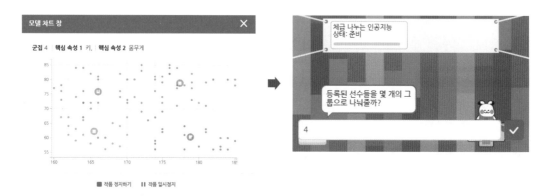

정리하기

- 숫자 데이터로 그룹을 나눠 주는 인공지능을 만들어 보았습니다.
- 두 개 이상의 핵심 속성으로 그룹을 나눠 주는 인공지능을 만들어 보았습니다.

🔆 더 나아가기

- 확인 버튼을 추가하고 버튼을 눌러 군집의 숫자를 입력하면 해당 군집의 중심에 있는 선수의 키와 몸무게를 말하게 해 봅시다.

10.1 문제 살펴보기

발견한 문제	• 전국의 초등학교가 축구 토너먼트를 하게 되었어요. • 전국을 4개, 5개, 6개의 구역으로 나눠서 예선전을 한다면 우리 학교는 어디에 속하게 될까요? • 가장 모이기 좋은 장소는 어디가 될까요?
인공지능으로 해결하기	• 위치가 가까운 학교를 자동으로 묶어서 축구 토너먼트 예선전을 치르려고 해요.

10.2 인공지능 살펴보기

준비물	없음	예제 주소	
			https://bit.ly/entryai210

1단계 전국을 몇 개의 구역으로 나눠 준다고 말하고 각 버튼의 사용법을 안내합니다.

2단계 설정 버튼을 누르면 몇 개의 구역으로 나눌지 입력받고 학습을 시킵니다.

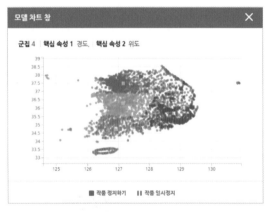

3단계 리스트 버튼을 누르면 모델 차트 창을 열어 구역이 어떻게 나눠졌는지 확인할 수 있습니다.

4단계 물음표 버튼을 누르고 학교의 위도와 경로를 입력하면 어떤 구역에 해당되고, 어디에서 모이는지 확인할 수 있습니다.

인공지능을 어떻게 만들 수 있을지 먼저 생각해 봅시다.

1 이 인공지능을 만들기 위해서는 어떤 데이터가 필요할까요?

(필요한 데이터에 동그라미를 그려 보세요)

| 사진(그림) | 글 | 숫자 | 소리(음성) |

2 이 인공지능을 만들기 위해서는 어떤 모델을 선택해야 할까요?

(필요한 모델에 동그라미를 그려 보세요)

| 지도학습 | | 비지도학습 |

분류(들어온 데이터가 A인지 B인지 나눠 줘요)   예측(들어온 데이터로 예상되는 숫자 값을 말해 줘요)   군집(데이터를 몇 개의 그룹으로 나눠요)

3 이 인공지능은 어떤 기준으로 데이터를 나누면 좋을까요?

(필요한 기준에 모두 동그라미를 그려 보세요)

(학교 이름), (지역), (위도), (경도)

4 이 인공지능을 만들기 위한 데이터는 어떻게 수집할 수 있을까요?

(원하는 방법에 동그라미를 그려 보세요)

| 데이터를 손으로 입력해요. | 데이터를 외부 장치 (카메라, 마이크)를 통해 입력해요. | 인터넷에서 데이터를 찾아서 받아요. | 또 다른 방법은? |

10.4 모델 만들기

생각해 보기를 바탕으로 데이터를 입력하고 모델에 학습을 시켜 봅시다.

STEP 1 데이터 입력하기

- 이 예제에서는 데이터를 먼저 입력해야 합니다.
- 데이터는 엔트리에서 미리 준비해 놓은 데이터를 불러와 활용합니다.

1 전국 학교의 위치 데이터를 입력하기 위해 **[데이터분석]** ➡ **[테이블 불러오기]**를 차례대로 선택하고 창이 뜨면 **[테이블 추가하기]**를 클릭합니다.

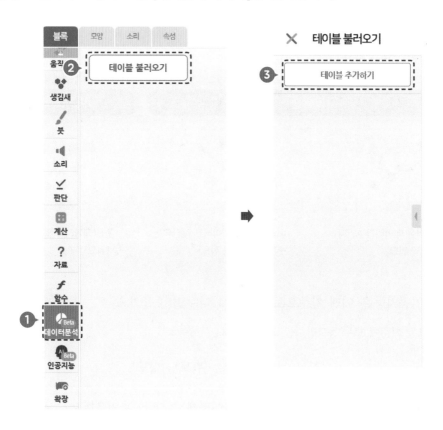

2 우리는 엔트리에서 미리 정리한 데이터를 사용할 것이기 때문에 '전국 초등학교 위치'를 선택하고 [추가하기]를 누릅니다.

3 이 데이터는 전국 초등학교의 학교 이름, 지역, 위도, 경도를 나타낸 자료입니다.

4 데이터를 시각적으로 살펴봅시다. **[차트]** ➡ **[+]** ➡ **[점]**을 차례대로 선택하고 가로축은 '경도', 세로축은 '위도', 계열은 '지역'을 선택합니다.

전국에 있는 학교들의 위치를 보니 대한민국의 지도가 그려졌습니다. 우리는 지역을 기준으로 색깔을 다르게 표시해 보았습니다(계열을 지역으로 설정). 이제 학습을 시켜서 컴퓨터가 데이터를 몇 개의 그룹으로 나눠 보게 해 볼 것입니다. 적용하기 를 클릭합니다.

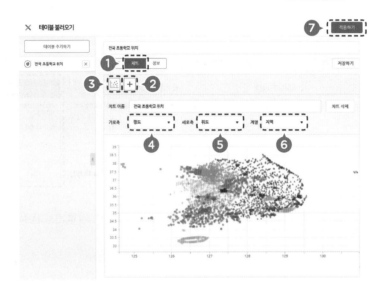

STEP 2 > 모델 선택하기

1 엔트리 만들기 화면에 접속한 후 **[인공지능]** ➡
[인공지능 모델 학습하기]를 클릭합니다.

2 학습할 모델 선택하기 창에서 **[군집:숫자(k-평균)]**을 선택하고 **[학습하기]**를 클릭합니다.

3 모델 이름을 '구역 나누는 인공지능'으로 정합니다. **[테이블을 선택해 주세요.]**를 누르고 앞서 만든 테이블의 이름을 선택합니다.

4 우리가 앞서 살펴본 데이터는 '학교 이름', '지역', '경도', '위도' 이렇게 4가지 값을 가지고 있었습니다. 우리는 '경도'와 '위도'를 기준으로 몇 개의 그룹을 나누고 싶기 때문에 핵심 속성에는 '경도', '위도'를 넣습니다. 군집 개수는 몇 개로 그룹을 나눌 것인지 정하는 것입니다. 일단은 4개로 정해 봅시다. 중심점 기준은 가장 먼 거리로 선택합니다.

✕ 군집: 숫자 모델 학습하기

모델 학습은 인터넷이 연결되어 있어야 정상적으로 동작합니다.

구역 나누는 인공지능

데이터 입력

전국 초등학교 위치 ▼

핵심 속성

핵심 속성을 설정했습니다.

경도   위도   핵심 속성 3

군집 개수   중심점 기준

4 개   가장 먼 거리 ▼

STEP 3 학습하고 평가하기

1 [모델 학습하기] 버튼을 누르면 학습이 시작됩니다. '학습을 완료했습니다.'가 나오면 학습이 끝난 것입니다.

학습

입력한 데이터와 조건으로 모델을 학습합니다.

모델 학습하기

모델을 학습할 수 있습니다.

→

학습

입력한 데이터와 조건으로 모델을 학습합니다.

모델 학습하기

60%

→

학습

입력한 데이터와 조건으로 모델을 학습합니다.

모델 학습하기

학습을 완료했습니다.

TIP
인공지능이 학습하는 동안 창을 그대로 두고 다른 작업을 하지 마세요. 다른 작업을 하면 학습하는 시간이 길어집니다.

2 결과를 보면 우리가 입력한 데이터를 4개
의 그룹으로 나눈 것을 확인할 수 있습니다. 중
심점은 각 그룹에서 중앙에 있는 데이터의 값입
니다. 이제 를 클릭합니다.

결과

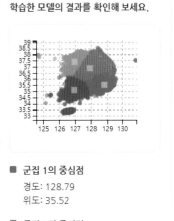

학습한 모델의 결과를 확인해 보세요.

■ **군집 1의 중심점**
   경도: 128.79
   위도: 35.52

■ **군집 2의 중심점**
   경도: 127.95
   위도: 36.87

■ **군집 3의 중심점**
   경도: 126.93
   위도: 35.1

■ **군집 4의 중심점**
   경도: 126.96
   위도: 37.39

STEP 4 　인공지능 블록 알아보기

군집 **1** 중심점의 　경도 ▼ 　값 •········• 입력한 군집의 중심점에 대한 핵심 속성을 나타냅니다.

경도 **10** 위도 **10** 의 군집 •·········• 입력한 핵심 속성이 모델이 묶은 군집 중에
　　　　　　　　　　　　　　　　　어느 군집에 해당되는지 나타냅니다.

10.5 코딩하기

사람들이 인공지능을 사용해서 문제를 쉽게 해결하도록 코딩을 해 봅시다.

STEP 1 오브젝트 준비하기

이름	축구선수	물음표 버튼	설정 버튼	리스트 버튼	운동장
카테고리	사람	인터페이스	인터페이스	인터페이스	배경
x	100	-100	-150	-200	0
y	-50	-100	-100	-100	0
크기	150	50	50	50	375

1 오브젝트 목록 창에서 ✕를 눌러 '엔트리봇' 오브젝트를 삭제하고 [+ 오브젝트 추가하기] 를 눌러 '축구선수, 물음표 버튼, 설정 버튼, 리스트 버튼, 운동장' 오브젝트를 추가합니다.

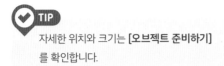 다음과 같이 오브젝트의 위치와 크기를 변경합니다.

✓ **TIP**
자세한 위치와 크기는 [오브젝트 준비하기]를 확인합니다.

STEP 2 코딩하기

① 위도와 경도, 구역을 저장할 변수를 만들어 봅시다. [속성] ➡ [변수] ➡ [변수 추가하기]를 누르고 변수 이름을 '위도'로 입력한 후에 [확인]을 누릅니다. 같은 방식으로 '경도', '구역' 변수도 만듭니다.

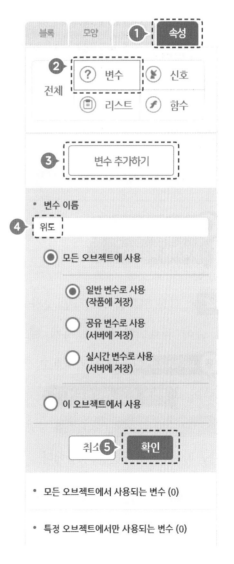

2 처음에 대답과 변수 창을 숨기고 사용법을 안내하도록 '축구선수' 오브젝트를 클릭하고 '시작'의 [시작하기 버튼을 클릭했을 때] 아래에 '자료'의 [대답 숨기기 ▼ ?], [변수 변수 ▼ 숨기기 ?] 를 가져오고, '생김새'의 [안녕! 을(를) 4 초 동안 말하기 ▼] 를 연결하여 다음과 같이 코드를 작성합니다.

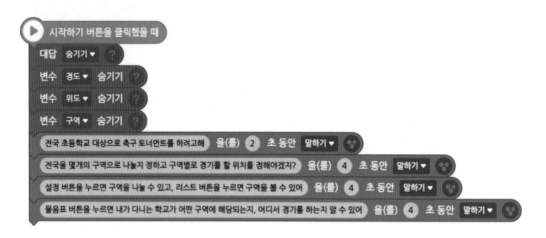

3 리스트 버튼을 누르면 차트를 보이게 하도록 '리스트 버튼' 오브젝트를 누르고 '시작'의 [오브젝트를 클릭했을 때], '인공지능'의 [모델 차트 창 열기 ▼] 를 연결합니다.

[오브젝트를 클릭했을 때]
[모델 차트 창 열기 ▼]

4 설정 버튼을 클릭하면 숫자를 입력받아 입력한 숫자만큼 구역을 나누고 학습한 후 학습이 완료되었다고 말하게 해 봅시다. '설정 버튼' 오브젝트를 클릭하고 '시작'의 [오브젝트를 클릭했을 때] 를 가져오고, '자료'의 [안녕! 을(를) 묻고 대답 기다리기 ?], [대답], '인공지능'의 [군집을 10 개로 바꾸기], [모델 다시 학습하기], [모델이 학습되었는가?], '흐름'의 [참 이(가) 될 때까지 기다리기], '생김새'의 [안녕! 을(를) 4 초 동안 말하기 ▼] 를 가져와 다음과 같이 코드를 작성합니다.

오브젝트를 클릭했을 때
몇 개의 구역으로 나눌까요. 숫자만 입력해주세요. 을(를) 묻고 대답 기다리기
군집을 대답 개로 바꾸기
모델 다시 학습하기
모델이 학습되었는가? 이(가) 될 때까지 기다리기
학습이 완료되었습니다! 을(를) 2 초 동안 말하기 ▼

5 물음표 버튼을 클릭하면 위도와 경도를 입력받아 변수에 저장하게 해 봅시다. '물음표 버튼' 오브젝트를 클릭하고 '시작'의 [오브젝트를 클릭했을 때] 를 가져오고, '자료'의 [안녕! 을(를) 묻고 대답 기다리기], [변수 ▼ 를 10 로 정하기], [대답] 을 가져와 다음과 같이 코드를 작성합니다.

오브젝트를 클릭했을 때
다니는 학교의 위도를 입력해 주세요(33~43 사이). 을(를) 묻고 대답 기다리기
위도 ▼ 를 위도 ▼ 값 (으)로 정하기
다니는 학교의 경도를 입력해 주세요(124~132 사이). 을(를) 묻고 대답 기다리기
경도 ▼ 를 경도 ▼ 값 (으)로 정하기

6 위도와 경도를 입력받은 뒤 어느 구역에 해당되는지 말해 주도록 '변수'의 [변수 ▼ 를 10 로 정하기] 를 연결하고 '인공지능'의 [경도 10 위도 10 의 군집] 을 넣습니다. 각각의 [10] 에는 [경도 ▼ 값], [위도 ▼ 값] 을 넣습니다.

'생김새'의 [안녕! 을(를) 4 초 동안 말하기 ▼], '계산'의 [안녕! 과(와) 엔트리 를 합치기], '자료'의 [구역 ▼ 값] 을 가져와 다음과 같이 코드를 작성합니다.

오브젝트를 클릭했을 때
다니는 학교의 위도를 입력해 주세요(33~43 사이). 을(를) 묻고 대답 기다리기
위도 ▼ 를 위도 ▼ 값 (으)로 정하기
다니는 학교의 경도를 입력해 주세요(124~132 사이). 을(를) 묻고 대답 기다리기
경도 ▼ 를 경도 ▼ 값 (으)로 정하기
구역 ▼ 를 경도 경도 ▼ 값 위도 위도 ▼ 값 의 군집 (으)로 정하기
구역 ▼ 값 과(와) 구역에 해당됩니다. 를 합치기 을(를) 2 초 동안 말하기 ▼

7 마지막으로, 해당되는 구역은 어디에서 모이는지 위도와 경도를 말해 주도록 '생 김새'의 〔 안녕! 을(를) 4 초 동안 말하기▼ 〕, '계산'의 〔 안녕! 과(와) 엔트리 를 합치기 〕, '인 공지능'의 〔 군집 1 중심점의 경도▼ 값 〕, 〔 구역▼ 값 〕을 가져와 다음과 같이 코드를 작성 합니다.

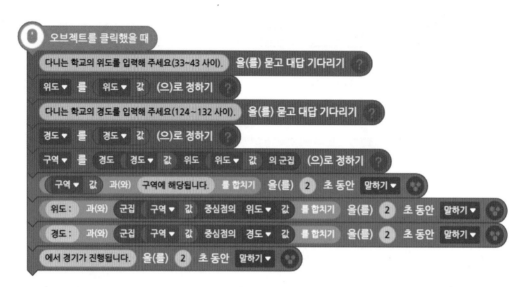

8 〔 ▶ 시작하기 〕를 누르고 몇 개의 구역으로 나눌지 입력하면 구역을 나눈 결과를 확인할 수 있습니다.

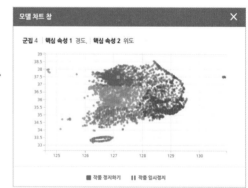

10.6 정리하기

- 숫자 데이터로 그룹을 나눠 주는 인공지능을 만들어 보았습니다.
- 두 개 이상의 핵심 속성으로 그룹을 나눠 주는 인공지능을 만들어 보았습니다.

더 나아가기

- 중심점 기준을 바꿔서 학습할 수 있도록 기능을 추가해 봅시다.
- 위도와 경도 범위 밖의 값을 입력한 경우 다시 값을 입력받도록 기능을 추가해 봅시다.

찾아보기